三毛住過的
加納利群島

Shin 文‧攝影

一個管自己叫阿福伯的人，一定是幽默的！

幽默不是搞笑！

幽默是一種自處，一種待人。

幽默是一種圓融！

遊記很能吸引人，幽默人寫的遊記能吸引很多的人！

隨著文字神遊，空間很自由。

這種流浪不用沾塵帶土，扛重追趕，

沒有語言溝通的困難，省卻簽證過關的繁瑣，實惠又經濟！

還能免去自己可能因為沒有幽默感而壞了整個行程的風險！

帶著幽默的眼睛看世界，肝火不旺不傷身，

當苦變成樂，樂會變成啟發，啟發則變成再出發的力量！

在幽默中找到自己的位子，在幽默中讓出位子給別人。

沒有幽默感的人，很苦！很容易被擊敗！

我看到阿福伯在真實生活裡，幽默的面對無常！

要不是能把無常看得透徹清楚，是長不出這種認真生活的幽默的！

說到這裡，幽默進階，變成「智慧型」幽默了！

阿福伯要我用唱〈I saw the light〉一樣的輕鬆心情，來看這本書，

這會兒我又幫他扣上了一頂大帽子！很抱歉！

我看到的是鴨子划水的阿福伯！

希望你們在這本書裡，

也能感受到阿福伯的幽默、圓融和因此行所長出的智慧！

齊豫 2012/5/17 台北

經「現在喜歡唱快樂及感恩歌」的齊豫提醒，在此加註說明：

阿福伯來自是 Alfred（音譯:阿福列德）,Alfred 就是 Shin 在國外唸書時的英文名字,所以是同一個人。

齊豫先認識 Alfred,好久、好久以前,後來才發現有個 Shin……

從一張明信片說起

故事要如何起頭呢？

不然，先介紹和我同遊加納利群島（Canary Islands）的兩位好友 Vincent 及 Jing 好了。

比利時的攝影師 Vincent 是個天才型的人，早期在布魯塞爾（Brussels）的機場塔台服務，所以英文說得極好，這對以法文為母語的人來說，是罕見的。而他自行研究並撰寫防止嬰兒猝死的程式，不但申請專利也賺進大筆財富，之後就把公司賣給美國人，年紀輕輕就退休下來閒雲野鶴般過活。

我們聊得來是因為共同的嗜好──攝影，但卻是完全不同類型的人。他社交能力強、朋友多、喜歡科技、喜歡創新、喜歡多變的生活。有趣的是，他的相反面剛好就是我。

至於來自蘇州的 Jing，我們就認識更久了，在她還嫩澀著青春的大學時期，兩人就隔著海峽開始在 e-mail 上探索音樂、文學、哲學和宗教了。十餘年來我們也海角天涯跑過許多地方，直到她落腳於布魯塞爾，在這個女詩人席慕蓉習畫的歐洲舊城，Jing 完成兩個碩士學位且正亭亭玉立。

Jing 到布魯塞爾後立刻告訴我，有位熱愛中國文化的比利時攝影師一定要介紹給我認識，於是 2002 年我就飛往比利時「拜會」Vincent，從此三個人就變成無話不談的好友並經常結伴出遊，只是我們的出遊總是搞笑又多災多難。

2005 年同遊波蘭，從首都華沙（Warsaw）搭火車到南部的古城克拉科夫（Krakow），然後租車造訪美麗的農村及湖泊，最後一天再開車回華沙，接著搭機回比利時。只是沿途遇到大塞車，千鈞一髮趕到機場才知班機延遲六小時起飛，那⋯⋯那⋯⋯我們幹麼趕車趕到差點崩潰？真是的！

2007 年去匈牙利的遭遇更慘，最後一天從斯洛伐克（Slovakia）坐火車要趕到匈牙利首都布達佩斯（Budapest）再搭機回比利時，但因我的簽證出問題，三個人在邊境被趕下火車，不但飛機沒搭到還流落邊境⋯⋯

但這還不是最慘的！2008 年我又去比利時，和 Vincet 去了北部海濱，也和 Jing 去了巴黎，但回台灣時卻因航空公司的疏失誤送我到北京轉機，又立刻被原機遣返回荷蘭，折騰半天才回到台北，就這樣往返飛了三段歐亞航班，創下連續

搭機 40 小時的「烏龍」記錄。（悲慘過程請泣閱〈附錄 迷航〉）

2006 年三個人飛到桂林會合，當然是要觀賞張藝謀的大型山水實景劇《印象·劉三姐》，明明是全年無休的國家級演出，偏偏就在我們抵達時停演三天。主辦單位說，演員要休息過年，但過年期間不都是演出的旺季嗎？2009 年趁著 Vincent 及 Jing 過境香港之際，我又飛過去和他們會合。對於香港的高樓大廈我們不感興趣，於是決定搭船到澳門看《太陽劇團》，但進駐在威尼斯人賭場天天演出的《太陽劇團》，居然就在我們到達時停演，「帶塞」的程度真的可以申請金氏世界紀錄了！

2009 年秋天，Jing 開始在布魯塞爾的大學教書，我們只好暫緩各種出遊規劃。但「災難」並沒因此離我們而去，在 e-mail 裡還是經常探問對方：「八八水災你家是否淹水？」、「日本大地震，台灣有海嘯嗎？」或者「冰島火山爆發有影響到比利時嗎？」、「比利時的無政府狀態還會再持續嗎？」但至少最近兩年我們都很安分，沒再四處趴趴走，就讓 Jing 安心教書並準備她的博士班課業。直到去年底，Vincent 忽然在 e-mail 上向我要家裡的地址，說是有份「特殊」聖誕禮物非得郵寄給我不可。

有什麼東西這麼重要？該不會是比利時著名的啤酒、巧克力或是鬆餅吧！難道……是另一種更動人的特產「鑽石」？眾所皆知，比利時的安特衛普（Antwerp）被稱為「世界鑽石之都」，若 Vincent 果真隨便寄了顆裸鑽讓我當聖誕禮物，那倒也不辜負我們的十年交情，待我把裸鑽變賣後，至少可吃它幾十頓聖誕大餐。

只是後來收到的僅是一張明信片，由我們的攝影大師 Vincent 親手製作，全球限量 12 張，我收到的是標記著 12/12 的第 12 張。但正因這張明信片，陰錯陽差促成我們去了一趟加納利群島，所以故事就從那張明信片說起吧！

當聖誕禮物由「鑽石」變成「明信片」後，我只好開始打量這張鑽石級的明信片有何特殊之處！封面是位大提琴演奏者。嗯，果然很特殊！因為我們的攝影大師 Vincent 專長是拍攝女人胴體，還第一次見他拍攝這種衣著整齊的人類。內頁則是一束白花，但花卉果然不是 Vincent 的強項，花要拍得好就得讓花蕊及枝葉在相片裡訴說故事，顯然這束白花稍顯呆滯，套句行家的話就是「缺乏故事性」。所以結論是：開過無數人體攝影展的 Vincent 還是適合拍攝人體。

數日後，苦思於如何回覆 Vincent 這張全球限量賀卡的同時，又再仔細觀看

那兩張大提琴與花的攝影作品，才赫然發現原來那束白花是從女人「私處」綻放而出，之前那雙勻稱潔白的大腿居然被我看成布簾了。所以白花象徵少女純潔的情欲，大提琴的低沉弦音則暗示男人撫觸肌膚的擁抱。天啊！終於看懂 Vincent 驚人的巧思了，好一幅伊甸園的春天！

只是大師以「春天的故事」出擊，我該如何回應？反正拍攝女人胴體我永遠比不過 Vincent，而且他的工作室設備齊全，我也無法列印出那種精緻無比的卡片，只好以不變應萬變，去誠品書店挑了五張喜氣洋洋的賀年卡，以「牡丹富貴」、「祥龍獻瑞」、「四季平安」等叔公嬸婆式的俗紅鑲金系列來「反制」比利時的春色。於是每星期寄一張到比利時，張張皆掰說是自己親手製作並陳述各種搞笑設計概念，最後不忘加上限量註記，例如：13265/36500 等（限量 36500 張，這是第 13265 張）。反正每張都讓 Vincent 及 Jing 笑翻了，就這樣，2011 的春節前後，我們的 e-mail 往來就因這些賀卡而數量爆增。聊久了，Jing 就提議不如再安排一次旅行，三個人可以在旅程中聊個過癮。但凜冽的寒冬何處去好呢？我們都一致認為應去溫暖的島嶼享受陽光，於是天真的我便建議去地中海的馬爾他（Malta）或是賽普勒斯（Cyprus）。但這兩個國家距離茉莉花革命甫定的突尼西亞不遠，而且整個北非地區的政治局勢也不太穩定，Vincent 不建議我們去那邊度假，幾經討論，才決定前去北非西側另一個絕美的度假島嶼——加納利群島，也就是三毛曾經住過並寫下無數動人故事之處。於是我開始哼起齊豫的〈橄欖樹〉，腦海浮現一片無邊無際的青翠草原，不要問我從哪裡來，我的故鄉在遠方……三毛，我也要去流浪了！

永遠的搞笑三人組

地點：加納利群島的某公墓
人物：Vincent 及 Jing
事件：兩人在拍攝耶穌釘死十字架的故事

加納利群島

旅遊地圖

拉芭瑪島(La Palma)

塔伯印地火山國家公園
Parque Nacional de la Caldera de Taburiente

聖塔克魯茲(Santa Cruz de La Palma)

機場

拉歌美拉島(La Gomera)

拉荷奈國家公園
(Parque Nacional de Garajonay)

阿羅黑拉海灘
(Playa de Alojera)

TF-713公路

TF-713公路

拉可列拉
(La Calera)

國王峽谷沙灘
(Playa del Valle Gran Rey)

聖塞巴斯提安
(San Sebastian)

聖地牙哥(Playa Santiago)
Tecina度假村

丹納麗芙島(Tenerife)

伊達歐各岬角(Punta del Hidalgo)

恰莫迦(Chamorga)

迪荷納(Tejina)
TF-13號公路
TF-12號公路
TF-123號公路
TF-16號 公路

北丹納麗芙機場

TF-5號公路

聖塔克魯茲(Santa Cruz de Tenerife)

TF-5號公路

TF-24號公路

十字港(Puerto de la Cruz)

歐羅塔瓦(La Orotava)

TF-21號公路

TF-24號公路

荻伊笛火山國家公園
Parque Nacional del Teide

TF-38號公路

荻伊笛火山纜車搭乘處

TF-1號高速公路

TF-38號公路

大懸崖

烏干卡平原

TF-82號公路

Parador旅館

幾亞迪依索拉(Guia de Isora)

阿卡拉(Alcala)

TF-21號公路

聖璜海灘
(Playa de San Juan)

維拉佛羅(Vilaflro)

TF-21號公路

TF-64號公路

聖米格爾(San Miguel)

TF-1號高速公路

基督城
(Los Cristianos)

南丹納麗芙機場

Sandos旅館

亞伯利哥斯漁港(Los Abrigos)

4月4日（星期一）

消失的17頭牛

像女人乳房的茶壺

因為一張明信片，魔咒似地掀起三人的旅行情緒，最後陰錯陽差，我們決定去三毛住過的加納利群島。長達兩個星期的加納利群島之旅，就在 Vincent 全權處理下逐一安排完畢。我則順勢把三毛在加納利群島的文章再重讀一遍，雖然那些故事幾乎都能倒背如流，但還是想醞釀一些旅行情緒。另一方面也忙著幫 Vincent 及 Jing 準備他們要的物品，例如偉大的人體攝影師 Vincent 就指名要一只像女人乳房的陶土茶壺及台灣烏龍茶。

「去哪裡找像乳房的茶壺啊？」這要求也太苛刻了吧！於是我上網用 google 打了「夜壺」兩個字，搜尋幾張相片就寄去給 Vincent，問他是不是要這種「壺」？

Jing 要的東西很簡單，就七本台灣出版的佛書，寫論文時要參考的。

另外，Jing 指名要吃台灣的豆干及鳳梨酥，說到鳳梨酥就讓我想起一段糗事⋯⋯

話說 2008 年 3 月，我又去比利時，Vincent 及 Jing 事先也沒告知，一下飛機就載我到比利時國寶級女攝影師 Marie-Francoise 的家，請了中國廚師弄了一桌豐盛中國菜說要「順便」幫我接風，但這簡直是滿漢全席嘛！誇張的是，受邀前來一起用餐的全是布魯塞爾著名的漢學專家，不是在中國大學教過書，就是在中國文化局服務過，每位都能說上一口流利中文。天啊！被嚇到了，這種場面我本來就會怯生，而且忽然被帶到攝影大師家裡也興奮到喘不過氣來，她是我的偶像耶！於是整頓飯就在幾近窒息的驚喜中度過⋯⋯

因為事先不知情，所以也沒攜帶什麼台灣名產過去，只好從行李取出兩盒超商買的鳳梨酥（原本自己要吃的）和大家分享。這些喜歡東方文化的比利時人，通常會對中國飲食稱讚不已，至少也會禮貌性地附和幾句。但出乎意外，居然沒任何人說鳳梨酥好吃，連句社交性的讚美都沒有！？

後來才想通，這些說法語的人本身的糕餅文化不知比我們精緻多少倍，鳳梨酥對他們來講也許粗糙了些。所以又學了一課，出國帶鳳梨酥私下請朋友嘗試倒無妨，但千萬不要拿到正式餐宴上現寶！

剛好 Jing 又指名要我帶鳳梨酥過去，哈！這次學乖了，不再去超市買那種家用鳳梨酥，特別請友人在台北幫我買兩盒比賽冠軍的佳德鳳梨酥，準備帶往比利時一雪前恥。

整個 3 月分都忙著收集他們所要的物品，不但買到類似女人乳房的陶土茶壺，也帶著三種台灣茶葉、鳳梨酥、豆干及三毛的書，洋洋灑灑打包行李準備出發了。

出發

4 月 4 日（星期一）今天的行程是：

08:00　高雄飛香港　　　　　　　　　　航程 1 小時 25 分鐘
12:45　香港飛法蘭克福（德國）　　　　航程 12 小時 10 分鐘
18:55　法蘭克福飛布魯塞爾（比利時）　航程 55 分鐘

三段航程加上待機時間共 20 小時又 15 分鐘，遇到這種長程飛行一般人都會畏懼萬分，但我卻樂在其中，因為平常每天運動，坐很久都不會腰痠背痛，而且飛程中還可快樂地閱讀！這次是閱讀昭慧法師的《如是我思》，我在台灣幫 Jing 買的，途中就順便看完了。昭慧法師學識豐富、思緒清晰、解析佛法條理分明，讓人越讀越起勁。印象較深的是書裡所提的「無記」概念，佛陀早在二千多年前就深知思辨有其限制性，於是創造一種解決「進退兩難」或「無意義問題」的方式，此乃「無記」也。例如「世間是常？還是無常？死後是存在？還是不存在？」等問題，佛陀主張以沉默來代替雄辯，這種「沉默」便是答案。倒也不是屈服於問題，而是想突顯問題本身的無意義。我真的好喜歡這段，若大家皆能以沉默代替雄辯，真的就世界大同了！不過供餐時空姐問我「要牛肉還是雞肉？」就千萬不能沉默以對，於是我點了一份牛肉套餐滿足地享用。就這樣邊閱讀邊思考，偶爾也小憩片刻，很快就來到德國的法蘭克福機場了，剩下最後一段 55 分鐘的航程即抵達比利時，所以心情非常愉快。

太陽劇團與 17 頭牛

三毛曾在〈拉黛瑪遊記〉的文章裡提到，「一個國家的民族性，初抵它的土地時就可以馬上區別出來。」一小時後抵達布魯塞爾機場，當然也立刻能分辨出比利時特有的鬆散自由氣氛，下機也不用檢查護照直接提領行李就出關了。當然

Vincent 早已等在入境大廳，只是怎不見 Jing？每次到布魯塞爾，兩位都會在外頭熱烈迎接啊！

也沒多問，和 Vincent 寒喧幾句後就推著行李一同前往停車場了。

途中 Vincent 才娓娓敘述 Jing 今天匪夷所思的遭遇……

知道我的班機 22 點 15 分抵達，所以 Vincent 下午就把一些雜事處理完，等 Jing 晚點過來再一起到機場接我。

沒想到下午 7 點鐘時 Jing 卻打電話來求救！

她下午開車到距布魯塞爾四十公里的小鎮拿路維亞市（La Louvière）開會，因為鎮裡有慶典，所以封鎖主要道路，但仍可從另一條替代道路出入。等到 6 點 Jing 要回來時，鎮裡卻發生火災，僅有的道路也封閉了，她的車因此困在停車場內，很誇張吧！之前就說過，只要我們三個人一合體就會「災難不斷」，所以有這麼詭異的巧合我一點都不覺意外。

於是 Jing 就打電話向 Vincent 求救，但 Vincent 表示晚點要接機，無法前去拿路維亞市載她，要她自己設法搭火車回來。不久 Jing 又來電說她已在火車站了，但火車剛好出軌撞死 17 頭牛，現在連鐵路都封閉了，要 Vincent 趕緊去接她。哇

這片茶葉是
這次帶去比利時
送給 Vincent 的台灣烏龍茶
第一次沖泡時
我留下來作紀念的

靠！這是什麼狀況，怎麼三人才要碰面就天災「牛」禍不斷。

好吧，Vincent 只好火速趕到拿路維亞市去接 Jing，之後再衝回機場接我。

結果呢？待 Vincent 狂飆到現場，火災剛好撲滅，道路也開放了。

已瀕臨捉狂的 Vincent 板著一副氣炸了的拳師狗的臉，瞪著 Jing，暗示她快去停車場取車，識相地自己乖乖把車子開回去！然後立刻以噴射機的速度飆回機場，抖抖衣袖甩甩髮鬚，用兩邊的食指將嘴角左右向上推成「半月型」的微笑狀，佇立在接機的人群裡等我。哎！真是可憐的 Vincent。

「那接下來呢？」我問著仍僵持「半月型」微笑的 Vincent。

他則呲牙苦笑：「Jing 就慢慢地行駛，大概也快到我家了，等我們回去就叫份披薩三個人勉強止飢吧！」被這烏龍事件一攪和，整晚都沒時間吃飯，他們快餓死了。於是 20 分鐘後，三個人已經在 Vincent 的客廳裡狼吞虎嚥吃著披薩。

通常第一夜我們都會聊到樂不可支，最好連鼻孔及耳朵也都要幫忙發言，才足以把想講的話題全部交換完畢。當然我立刻把要給兩位好友的禮物全拿出來，Vincent 是像女人乳房的陶土茶壺及台灣烏龍茶，Jing 則有許多佛書及額外要加送給她，特地去菜市場搜購，俗不可耐之阿嬤專用手提袋及豔紅搞笑折扇，外加一只「裝可愛」用的貓咪口罩。東西一拿出來，Vincent 及 Jing 就笑癱了。沒辦法！我們三個在一起，除了搞笑絕不會做出什麼正經事。

但我倒是正經地問著 Jing：「妳幹麼沒事跑到拿路維亞市去？」

接著才得知一串比「17 頭牛被撞死」還令人驚訝的答案，Jing 居然去當太陽劇團創辦人佛朗哥・德拉戈（Franco Dragone）的專案顧問兼中文翻譯！瞬間聽得我目瞪口呆，嘴張得好大，下巴都快掉到地上去了：「啥密！妳在 Franco 手下工作？」

「是啊！」Jing 搖著豔紅折扇，若無其事地回答。

所以，妳說的 Franco 就是設計太陽劇團《歡躍之旅》（Alegria），還有席琳・迪翁（Céline Dion）《全新的一天》（A New Day）演唱會的那位 Franco？

「正是！」紅扇在 Jing 手裡正翻飛如彩蝶。

天啊！我刮目相看地崇拜著 Jing。知道 Franco 多有名嗎？他是太陽劇團創辦人之一，與太陽劇團合作十二年後，2000 年返回家鄉比利時的拿路維亞市，創立 Franco Dragone 娛樂集團並繼續創作大型演出。席琳・迪翁《全新的一天》演唱

會就是他回到比利時後的作品，在賭城凱撒宮連演五年，七百場全部客滿，超過三百萬人參與盛會，我無緣前往觀賞所以買了實況錄影的 DVD 反覆觀看多次，真是一場創意十足的精緻演唱會。

　　Vincent 接著解釋：「最近他們要承辦一場大型演出，地點在武漢，特聘 Jing 擔任顧問及中文翻譯，所以她得經常到拿路維亞市開會。」

　　原來如此，沒想到兩年不見，Jing 已經飛黃騰達到這種地步。我在台北花大筆銀兩看太陽劇團的《歡躍之旅》，她卻是這部劇的創作者的特聘顧問，世間何等不公啊！（我和冤死的 17 頭牛同聲齊嘆著！）

　　那天晚上，我們像三隻麻雀般吱吱喳喳聊到半夜 2 點才結束。Jing 開車回去後，我就上三樓的攝影棚睡覺，那是我在比利時固定的私人套房，每次來 Vincent 家都窩在那裡安睡。連續飛行二十小時也累了，三秒鐘不到就睡到不省人事。終於又再回到比利時了！晚安，消失了 17 頭牛的布魯塞爾之夜。

消失的17頭牛

攝於比利時北海

攝於Vincent 他老弟的船艙

4月5日 星期二

攝於比利時 北海

航海家的聚會

你我相逢在黑夜的海上，

你有你的，我有我的方向。

你記得也好，

最好你忘掉，

在這交會時互放的光亮！

Vincent 家的廚房，天剛亮時拍攝的。

布魯塞爾鳳梨酥大賽

　　因為時差關係，天剛破曉就起床了，台灣時間應是下午一點多鐘，但窗外的布魯塞爾卻是赤焰漫天的赭紅色晨曦，像一場詭異的寓言。拿起相機拍攝幾張相片後，不禁懷疑自己到底是清醒還是作夢，因為天空的色調過於虛幻。後來又繼續倒頭入睡，醒來已經 9 點半，這次確定自己 100% 清醒了。坐在床緣發呆，想了一陣子才反應過來已置身歐洲，這裡的人們起床第一件事就是洗澡，所以拿著盥洗用具就下樓了。

　　上午 11 點鐘，開始正式吃早餐。

　　通常和說法語的歐洲人吃早餐會有點痛苦，因為大概要吃一個鐘頭，即使只是簡單的法國麵包夾乳酪及火腿，也要邊吃邊聊慢慢享受。還好！我是來度假的，有時間和 Vincent 慢慢耗。

　　今天較特殊之處是，我帶著比賽冠軍的鳳梨酥過來雪恥了！三年前我帶的家常鳳梨酥竟然沒人稱讚，這次特別托人從台北買了頗受好評的鳳梨酥，要讓

Vincent 品嘗真正的台灣精緻美食。於是興緻勃勃地布置場地,並告訴他品嘗規則如下:桌上有兩盤鳳梨酥,其中一盤是台北買來的第一名鳳梨酥,另一盤是賣場販售的家常鳳梨酥,全省比賽名次據說是第 1036 名。你先品嘗其中一盤,漱口後再嘗試另一盤,充分了解口感及味道後,再告訴我哪盤是第一名的鳳梨酥。我會全程拍照存查,以記錄此次鳳梨酥大賽的歷史過程。

等我宣布完,Vincent 早已躍躍欲試。

其實,我只是想讓 Vincent 知道好吃的台灣鳳梨酥真的名不虛傳,即使白痴也能分辨內餡口感及餅皮酥軟。當然他也喜歡和我這樣搞笑,於是兩個老小孩就開始玩起「第一屆布魯塞爾盃鳳梨酥大賽」的遊戲了。

等 Vincent 若有其事地品嘗之後便得意地說,想也知道哪盤是第一名,然後指著大賣場買來的家常鳳梨酥鄭重地說:「這絕對是台灣第一名的 pineapple cake。」

哇靠!差點昏倒,他居然認為餅皮厚又硬、內餡黏又膩的比較好吃。只能嘆說此乃文化差異所然,若你沒生活在比利時就別想了解比利時人。好吧!今天的鳳梨酥品嘗大會到此結束,本席宣布散會!

又學到一課了,旅行時千萬要隨時記住「文化差異」這件事。你覺得美的,別人不一定覺得美,你覺得有趣的,別人也不一定覺得有趣,當然在這個國家極受歡迎的食物,其他國家並不一定能接受。所以人生何必要爭第一,第 1036 名也不錯啊!

浮生半日閒

花了一小時閒散地吃完早餐,接著我們又花了一小時慢吞吞設定我的筆記型電腦的無線網路,因為 Vincent 記不清密碼了,所以得陪他胡亂測試各種排列組合。兩人邊安裝邊聊天,老是扯到一些雜事,然後就岔開正事胡亂摸索去也。例如去陽台上看他養的一隻金魚,歷經飄雪的嚴冬居然還活著,而池裡的蓮葉卻已殘破枯

第一屆布魯塞爾盃鳳梨酥大賽

萎；然後心血來潮開始聆聽我帶來送他的《掬水》古箏專輯，Vincent 熱愛中國文化，還去西安住了兩年，極喜歡古箏，每次我都會挑選台灣的好音樂送他；過一會兒又翻出一本 1930 年的雜誌，要我看裡頭一幅法國人繪製的中國國畫，那種不中不西、以雞為鳳、畫蜥為龍的畫風極有趣。Vincent 也提到，Jing 和我們去加納利群島後，可能會中途緊急飛回布魯塞爾，跟著公司搭乘私人專機前往北京及武漢開會。怎會這樣？那假期不是被中斷了。Vincent 強調，現在還沒確定，這個案子很大而且又在中國，Jing 是極重要的人物，因為她得擔任翻譯。就這樣胡亂聊著，結果無線網路的密碼設定了將近一小時才「猜出」正確組合。

很喜歡這種無所事事的度假方式，好個「水流心不競，雲在意俱遲」。對了！我還特別向 Vincent 解釋「掬水」的意義，雖然只是簡單兩個字，但衍生出的意境卻遼闊深遠，此乃中文最美之處。所以就讓音樂陪 Vincent 在樓下繼續「掬水」，我上樓「掬夢」去也！先小睡片刻，說好下午 3 點再一起出門。

河港暮色

台灣自稱是海洋民族，但我卻在比利時看到另一種海洋民族。他們的邊境只有十分之一是海岸，但大家都很珍惜那片湛藍，境內有運河連結海洋，人們喜歡自己開船到大海去。炎炎夏日，最美好的度假方式就是去海邊。人們也喜歡海鮮，比利時的淡菜（Mussel）舉世聞名，但我更欣賞他們那種吃海鮮的優雅方式。他們利用海洋的程度更甚於台灣，居然發明用馬匹在海灘上拖網捕捉魚蝦。

Vincent 有一群喜歡航海的朋友，經常呼朋喚友到海上去混個幾天幾夜，或者乘風破浪航行到荷蘭或英國去。而整個歐陸已被蜘蛛網般的運河貫穿連結，所以開著船就可航行到各個國家去，即使是內陸國。停泊港灣時，就上岸吃頓異國美食，採購完捕給品後又繼續啟航，等待下個停泊處及下一場驚喜。

最近 Vincent 的弟弟想換艘遊艇，下午要去看新船，幾位喜歡航海的朋友都要跟去提供意見，他們換船就像我們換車一樣，要慢慢看仔細選。Vincent 也要共襄盛舉，當然我也跟去，度假時我就是喜歡體會當地居民的生活。

老弟的舊船及那艘新船皆停泊在 Antoing 港裡，距布魯塞爾車程約一個小時。

抵達後我發現 Antoing 這種河港不像海港那麼繁忙，也沒鹹鹹的海風及波濤，只有碧草如茵的河岸及詩意盎然的樹林，船隻就停泊在鳥囀蟲鳴的河岸綠茵處，寧靜地等待輕風及落花。Vincent 和那些航海家聚在他老弟的舊船上飲酒閒聊，等另一位朋友到齊後，再開車往上游去看那艘想買的新船。他們登船檢視設備時，我就在岸邊拍攝樹木及野花，偶爾也跨到船板上感受那種搖晃的美感，或眺望河面上起落的野鴨及河鳥。慢慢地林霧飄來，天色蒼茫成一首春寒的詩篇……

等大夥仔細把整艘船檢視完，我們又回到 Vincent 老弟的船上，仍是飲酒作樂笑談人生。你可能還不知道，船的另一個功用就是可以當「旅社」，這群航海家準備在此徹夜長聊，累了就夜宿船上，只有 Vincent 和我要回布魯塞爾。

大家還一直在船上高談闊論，我因時差之故先到船艙休息。不知睡了多久，Vincent 才進來把我搖醒，問說要不要一起去岸邊的小酒館用餐？迷糊中我表示想繼續睡，於是他們留了一盞燈給我就上岸去了。

8 點多醒過來，夜幕低垂，河面泛著一層神祕的暗藍色，我佇立在甲板上看得出神，能在這海角天涯的陌生河港感受大地之美，有種無法形容的滿足感。

回到家將近午夜了，Vincent 問我餓不餓？我笑說：「隨便吃幾個第 1036 名的鳳梨酥就可以了！」結果把他逗得開心大笑，互道晚安後他就先就寢了。

大後天就要去加納利群島，得把行李箱裡的物品區分出另一批要去海島度假用的，所以細細碎碎整理著。也不知混到幾點，反正累了就睡覺。晚安！希望有一天也能和 Vincent 他們一起航行，乘風破浪，越過英吉利海峽到英倫諸島。

修 道 院 的 母 與 子

4月6日 星期三

時差仍調得亂七八糟，所以清晨 7 點就起床，上網收了幾封信之後，就又昏昏入睡。再起床已經 9 點半了，趕快去沖澡然後開始吃早餐。兩人就繼續聊著昨天的航海話題，在歐洲很多人擁有遊艇，開船旅遊是件平常的事，經常呼朋喚友一同乘風破浪而去。而 Vincent 也樂於帶我造訪散布在歐陸各地的運河，以了解內陸船隻航行的樂趣，然後就回想起 2008 年沿著比利時北海（North Sea）逐一參觀港口的情形，這是當時的小插曲：

下午 1 點半我們決定在 St_Idesbald 用餐，因為超過 2 點，很多餐廳會休息。結果要進去時 Jing 卻打電話來求救，她原本要一起來北海，昨天也在 Vincent 家過夜，只是起床後發現暴雨如傾所以沒跟我們出門。睡到中午才啟動層層封鎖的三道門禁系統準備離去，走出第一道門後手機便響起，聊著電話就忘了要趕快通過下道門，結果時間一到三道門全部自動上鎖，被困在院子裡出不來了！Vincent 雖覺無奈，還是打電話叫他兒子開車過去解救 Jing。掛斷電話後我們終於可以進餐廳了，不料輪到他老媽打電話來嘮叨十幾分鐘，她把銀行的帳號看成金額了，以為戶頭裡多了三百多萬歐元，要 Vincent 趕過去處理。等他在電話中耐心解釋完，餐廳已休息不供餐了，Vincent 只能搖頭嘆說：「女人都是禍水」。

中午前往一家四星級評價的 Les Brasserie Georges 海鮮餐廳用餐，同行的有 Jing 及幫我們代購機票的薇拉莉。才互相介紹完，薇拉莉立刻說她還記得我，就是幾年前匈牙利簽證出問題，導致三個人在邊境被趕下火車的那位台灣人。說完我們都大笑不已，這故事肯定已在布魯塞爾流傳許久，所以 Vincent 的每位朋友都永誌不忘。Vincent 點了魟魚，Jing 及薇拉莉都偏愛法式蜜汁鴨腿，我看不懂法文菜單，請他們幫我隨便叫份魚類就好，於是我有了一盤葡萄柚香煎鮭魚。因為薇拉莉氣質出眾、美若明星，所以那餐吃得特別愉快，後來才知她也是 Vincent 的攝影模特兒之一。離開時原本要順便採購今晚我將烹煮一桌「滿漢大餐」所需的食材，但因 Vincent 和母親約好 3 點鐘要過去，所以就直接前往療養院了。

櫻桃樹

西方國家和我們有不少生活及文化的差異，剛認識 Vincent 時，他始終無法理解我都已趨中年為何還和父母同住，他們會讓兒女在二十歲前就出去獨立生活。我們所尊崇的「百善孝為先」永遠不比他們嚮往的「獨立、自由」，而且不只兒

épices

我（在右半邊）
和 Vincent 母親的隔窗合照

女想獨立自由，父母也想獨立自由，所以絕對不會（也不肯）同住在一個屋簷下「終生牽絆」。但父母年老了怎樣辦？據我所知，Vincent 每個月都會回去探望母親兩次，此外社會局的人也固定每週拜訪兩次，每次都陪老人家聊一個小時。這種若即若離的家庭關係，雖然不若我們奉養父母那麼親切，但因社會局和獨居老人密切接觸，故能全面掌握老年人的生活狀況，對國家政策的制定及推行助益良多。（對了！你可能不知道，我們的家庭制度雖是由子女供養父母，但根據愛家基金會 2011 年的調查，台灣人平均每個月和父母相處時間其實只有 33 小時。）

每當 Vincent 要回老家探望母親時，我總會跟去，雖然聽不懂他們的法文對話，但隔著玻璃窗看見母子兩人在客廳聊天的畫面就覺異常溫馨。記得第一次去的時候，Vincent 說他就是在這裡長大，於是我蹲下身來，試著用孩童的視線來摹擬 Vincent 小時所見的情景，仰角裡童年的天花板、廚房、家具、壁紙、窗戶都回來了。那次 Jing 也在場，她說庭院裡那棵老櫻桃樹夏天會結滿果實，母親身體不好，無法採摘，只好任其掉落滿地。之後每次去 Vincent 老家，我都會去院子仰望那

棵櫻桃樹，期待夏天時能幫老母親採摘櫻桃。

　　Vincent 母親的年紀越來越大，行動開始不便，只好搬到療養院住，那裡有專人 24 小時就近照顧。途中 Vincent 娓娓述說母親的近況，也提到老家已沒人居住所以賣掉了。聽著，我忽然好懷念庭院那棵櫻桃樹！

　　3 點鐘來到療養院，母親笑得極燦爛，早就著裝完畢，帶著小錢包及糖果等我們接她出門。看到我立刻嘰嘰喳喳地用法文向 Vincent 說了一大串話，等母親說完，Vincent 才笑著翻譯成英文：「我媽記得你就是那位從阿姆斯特丹飛到北京又被遣送回來，飛來飛去回不到家的台灣人。」聽完我也跟著大笑，這故事肯定已在布魯塞爾流傳許久，所以 Vincent 的每位朋友（包括母親）都永誌不忘。

紅色修道院

　　Vincent 說今天要去一座十四世紀的修道院，還特別強調我一定會很喜歡。

　　20 分鐘後我們來到水岸邊的修道院，眼前蒼木成林、碧草如茵，彷若世外桃源。這座紅色修道院（Rouge-Cloître Abbey）建於 1367 年，現在已漆成白色，而且經營成咖啡店、馬術學校及藝術中心。因為位於布魯塞爾東南方的森林邊緣，所以觀光客不多，極為寧靜舒適。隨坡而下的河流緩緩聚成小水塘，環繞著修道院的白色建築，倒影裡的綠樹白屋真的很像水彩畫。我們就在畫境裡下車，展開輪椅讓母親坐著，Vincent 便推著母親在林蔭小徑散步。看著這對白髮蒼蒼的母子在水岸邊的倒影，忽覺感動萬分，暖暖的溫馨久久不散。

　　約好 5 點在停車處會合，目送他們走遠後，我就獨自在湖畔的樹林閒晃。雖然初次造訪，但和擠滿觀光客的布魯塞爾大廣場（Grand Place）比起來，我更喜歡這座白色的「紅色修道院」。那天就在輕風、陽光、湖水、野花、綠樹及 Vincent 母子溫馨的親情裡度過一個美好的春日午後。

　　5 點多又送母親回療養院，下車前她把隨身攜帶的小糖果罐塞給我，點頭要我都拿去，還比著手勢說「很好吃」。從顫抖的手把糖果接過來時，我的淚水差點流出來，很想告訴老母親要好好保重，要活得健健康康的，下次來布魯塞爾一定再來看您。

紅色修道院（Rouge-Cloître Abbey）

1385:"
Fin de la construction de la première chapelle
Einde van de bouwvan de eerste kapel

L'ABBAYE

ABBAY
DE ROUGE
CLOITRE

L'ABBAYE

滿漢大餐

回家時順路去買了一隻雞，還有番茄、雞蛋、洋菇、蔥及朝鮮薊，晚上我要下廚煮一桌「滿漢大餐」。其實我的廚藝並不好，只是在美國唸書時為了省錢都自己開伙，對柴米油鹽並不陌生。既然廚藝並不好為何每次來布魯塞爾都會下廚作菜？原因很簡單，若你去過歐洲，在當地中國餐館吃過飯，就知道那種伙食有多難吃了。某次我隨便炒了一盤麵並煮些雞湯，Vincent 吃過後竟驚為天物，從此我就知道，和比利時的中國餐廳比起來，我的廚藝已算相當「精湛」了。

7 點鐘開始下廚，要煮香菇雞湯、炒麵及番茄炒蛋，預計兩小時完成，屆時 Jing 會過來一起享用我煮得滿身是汗的「滿汗大餐」。請別懷疑我的作菜效率，從不下廚的我連剝一隻雞都得苦思許久，兩小時能變出三道菜已算天分極高了。

基本上，Vincent 家不會有香菇，所以我都從台灣帶過去，香菇浸泡過的水就充當「味精」，用來炒麵以模擬道地台灣口味。番茄炒蛋一定要弄得又酸又甜，Vincent 才會連湯汁都舔完。雞湯裡只要放入香菇及蒜頭，隨便燉都會香氣四溢，保證大家吃得津津有味，漲著肚子高喊「撐死了！」飯後甜點就是我帶去的台灣鳳梨酥，Jing 是標準中國人，當然知道要挑第一名的鳳梨酥，而且還偷偷用中文告訴我，Vincent 笨死了，怎會覺得那種又甜又膩的賣場鳳梨酥比較好吃？

餐後就到三樓的放映室看電影了，是我帶過去的武俠片《劍雨》。我很喜歡這部電影，尤其「佛」和「緣」細若游絲般交織的劇情讓人感動不已，這是電影裡引用的一段故事：

阿難對佛祖說：我喜歡上一位女子。

佛祖問：你有多喜歡那女子？

阿難說：我願化身石橋，受五百年風吹，五百年日晒，五百年雨淋，只求她從
橋上經過。

我和 Jing 大概都還算年輕，所以仍相信這樣的愛情，但 Vincent 對這種隱喻無法心領神會，只是拍手叫說大Ｓ（徐熙媛）演的蕩婦角色最精彩，應該要多增添一些床戲。看完後我們只好先把 Vincent 趕下樓去睡覺，兩人才能好好談論電影劇情及導演手法。因為 Jing 很喜歡這部電影，想上網查詢《劍雨》的相關資料，我就先去睡了。其實Vincent的母親和Jing都不是「禍水」，大家百年修得同船渡，我很珍惜和她們在比利時的緣分及友誼。晚安囉！

布魯塞爾的日光大道

4月7

星期四

8點20分就起床，Vincent還在睡覺，怕吵醒他不好意思下去沖澡。先上網收信並處理一些雜事，聽到Vincent哼歌的聲音才下樓去。等著吃早餐時，Vincent忽然問我台灣的「統獨」、「藍綠」及「南北對立」的原因，因為比利時也有類似的問題。但像我這種風花雪月的政治白痴，對這種議題怎會感興趣？當然掰不出什麼道理來，只胡扯些「北部很藍，南部很綠，中部時藍時綠；南部選舉綠的贏，北部選舉藍的贏……」結果弄得 Vincent 不耐煩地說，這些都是「現況」，但「原因」是什麼？

　　「原因嘛？我真的不知如何歸納……」

　　看我陷入苦思的表情，Vincent就舉例說，比時利南北想鬧獨立乃肇因於語言及文化的差異，南部講法語，北部講弗萊明語（Flemish），加上富裕的北部不想「供養」貧窮的南部所以想獨立。我插嘴問說「為何北部比較有錢？」，Vincent只好先解釋，其實以前是南部較富裕，因為有煤礦（我記得梵谷曾在比利時南部礦區傳教過），但後來大家不燃煤了，礦區逐漸沒落，倒是北部的海港隨著國際化腳步帶來財富，南北貧富差距加大後，便引發國家分裂的危機。

　　「所以台灣造成藍綠對立的原因是什麼？」Vincent 又開始質詢了。

　　「是長期、慢慢形成的。」

　　「廢話，但到底是什麼原因所造成？」看我仍說不出什麼所以然，Vincent 決定簡化問法，首先是：「台灣北部和南部使用不同的語言嗎？」

　　「沒有，語言在台灣不是大問題。」

　　「北部和南部有貧富差距嗎？」

　　「感覺不強。」

　　「那麼南北有要各自獨立成兩個國家嗎？」

　　「沒聽說……」但我覺得這個問題很滑稽，Vincent 根本不了解台灣！

　　此時手機正好響起，Vincent 聽完立刻跳起來叫說他忘記10點半和醫生有約診，要我自己先用餐，他得馬上出門。換裝完還說中午要和前天那批航海家吃義大利麵，問我要不要一起去？我說不去了，要在家裡「蓋房子」，他知道我在說什麼，於是笑了笑就出門了。天啊！終於不用再和Vincent聊台灣政治了。我總是納悶，世界如此美好，藍天、白雲、海洋、森林、草原、野花、輕風、溪流、山巒……自然奇景無窮無盡，為何還有那麼多人喜歡鬧扯政治？

29

布魯塞爾的日光大道

10 點多吃完早餐便開始動工，要蓋一座「國家音樂廳」！

之前我寄了一種台灣的「勞作」明信片給 Vincent，只要把明信片剪開，依指示黏好之後就變成立體建築模型了。當初為了「整」Vincent，故意挑最複雜、最難剪裁的「國家音樂廳」寄給他，並吩咐要在我來之前蓋好，結果等我來到布魯塞爾才發現「國家音樂廳」仍好端端地躺在明信片上，毫無施工跡象！為了讓 Vincent 知道台灣的「國家音樂廳」有多雄偉壯觀，我決定親手幫他把明信片組裝成 3D 立體建築⋯⋯於是我從 11 點 16 分開始破土動工，直到下午 3 點 6 分才大功告成。期間 Vincent 已看完醫生且和一群航海家飲酒作樂回來了，見我忙成一團還竊笑我的「自食其果」，但看到完工的模型後卻驚嘆：「你們的國家音樂廳竟然這麼漂亮，等我去台北，記得帶我去朝聖一番。」

柳橙汁似的陽光

晚上 7 點我有一個餐會，所以還有四小時的自由活動時間，而外頭的陽光美得像柳橙汁似的，我受不了誘惑決定帶著相機出去捕捉光線。其實對布魯塞爾很熟悉了，我覺得這座城市本身就很美，即使不去任何觀光景點，到處閒晃都很快樂。不過我還是設定一條路線，以有「全世界最美麗的廣場」之稱的布魯塞爾大廣場為終點，沿途隨興亂逛。

結果一出門就發現滿街櫻花盛開，花瓣匯聚成的燦爛花海正波濤洶湧著。

接著走到一處叉路口，噴泉裡總有孩童在水柱間嬉戲。

然後來到綠草如茵的昂瓊伊克斯廣場（Ambiorix Square），無數居民在晒太陽。

越過綠地就到歐盟總部，基本上會來門口參觀拍照的，大半是大陸觀光客。

歐盟總部前是地鐵舒曼站（Schuman），我得從這裡鑽到地底去搭車。

等到陽光再現時，已是大廣場那個地鐵站了。

大廣場會有數千觀光客擠著「觀光」，或搶著和尿尿小童（Manneken Pis）合照，甚至湧進各種繽紛商店採購巧克力及紀念品。其實附近還有一些極美的教堂、藝廊及博物館，經夕陽剪影而成的輪廓總是典雅動人，所以我喜歡以大廣場為軸心，向外走訪周邊的巷弄，往往會有驚喜發現。將近 6 點才把自己從數千觀光客的「人池」裡抽離，沿著相同的路線慢慢回家。

7點鐘 Jing 會過來接我去聚餐，所以還有 20 分鐘可以運用。於是我告訴 Vincent 想實踐沿途不斷盤繞在腦海的一個創意，並且渴望得知答案，接著他就看我取出早餐的麥片，倒入碗裡用可口可樂沖泡著嚼食。

才出門就發現花海都迷漫到車窗上了

「天啊！」Vincent 無法置信地叫了一聲。

哈哈！誰說麥片一定要用牛奶沖泡，難道不能有些創意，例如可口可樂？

Vincent 不予置評，只是問說：「這種鬼東西吃起來怎麼樣？」

嗯，麥片混著可樂氣泡，淡淡的麥香讓我想起……對了！就是「麥根沙士」。

老張的故事

晚上這頓晚餐是有緣由的，2010 年 Jing 的比利時學生（中文系）到高雄的文藻外語學院參加短期進修，我就近請她們吃南瓜咖哩火鍋，現在我來布魯塞爾，她們想盡地主之誼回請。雖然我已萬般暗示，千萬別吃中國菜（歐洲的中餐廳又貴又難吃），但 Jing 還是安排到老張的餐館用餐。

老張來自台灣，是戒嚴時期就出來念書的留學生，畢業後就留在布魯塞爾經營中國餐館，倒也娶妻生子安居樂業著。他是學藝術的，所以餐廳布置得極為雅致，不像其他中國餐廳那般龍柱、燈籠、假花胡亂裝飾一通，因此生意自然比別人好。每次來布魯塞爾，Vincent 及 Jing 都會帶我來老張的餐館吃飯，除了菜色道地外，也故意讓我和老張說說台語，回味親切的鄉音。我始終覺得老張是最典型的留學成功範例，不但在異鄉落地生根，兒女也各自嫁娶並傳宗接代。平常餐廳就交由兒媳掌管，他只在「貴賓」光臨時才出面迎接，當然我這種從台灣來的稀客，他肯定親自安排菜色。但這次聽 Jing 說，去年老張在賭場把畢生積蓄輸光了，原來那個黃金地段的大餐廳已賣掉，另覓偏僻地點開家小餐館，兒媳氣得都不理他，搬到外頭販賣大陸廉價玩具維生，這就是老張的故事。

來到餐廳，彷彿就像一場夢，去年和這兩位美麗的女學生見面時還在高雄，轉

Un autre
regard sur
l'Europe

Een an
kijk op
Europa

眼就重逢布魯塞爾。點了四道菜後，我們就開始閒聊了。見到滿頭灰髮的老張親
自端菜收拾餐桌，實在有點食不下嚥。餐館無法另聘廚師，張太太只好親自下廚，
味道也大不如從前。我想，應該是 Jing 刻意安排來此用餐，想幫老張度過難關。
老張的境遇雖令人唏噓，但大夥還是聊得頗愉快。在布魯塞爾的課堂上，Jing 教
學生唱〈橄欖樹〉；但在台灣，同學卻教她們伍佰的〈妳是我的花朵〉並大跳「台
客舞」。想到這種反差我就想笑，Jing 也覺得好笑，一直問我什麼是「台客」？
要向她解釋何謂「台客」，實在比向 Vincent 解釋「台灣為何藍綠對立」還難上
千倍。還好出發前我用心良苦去菜市場搜購那種俗不可耐之阿嬤專用手提袋，搞笑
地帶來送給 Jing 及她的學生，於是補充說此乃台客文化也。以前的「台客」可能
是夜市花襯衫、夾腳拖鞋、俗氣的刺青、誇張的銀飾、鮮豔的指甲油、怪異的劣質
染髮……等，當時是因無知卻愛現，意外造成這種俗麗的美學觀，現在則是刻意
模仿，形成另類復古風。辛苦地解釋完，她們都興奮地玩弄著「台客級」的阿嬤
手提袋。我還提醒，上頭寫著某某工業社出品的標籤千萬不要撕掉，這樣才夠台！

布魯塞爾大廣場 (Grand Place)

一條日光大道

　　Jing 送我回來時已將近 11 點，我們沒有多聊，因為得打包行李，明天要飛去加納利群島了。Jing 和我都是三毛的書迷，她的撒哈拉及加納利的故事在我們成長過程中就像一扇窗，讓人在那個封閉的年代看到一個廣闊的世界。只是從沒想到，有一天竟能造訪她居住過的加納利群島，所以特別帶著《稻草人手記》、《哭泣的駱駝》、《溫柔的夜》同行，因為三毛在加納利群島的故事主要收錄在這些書裡。而打包行李時，我則愉快哼唱著三毛的〈一條日光大道〉：一條日光的大道上 我奔走在日光的大道上……

　　16 歲初次閱讀三毛的我，永遠不知 30 年後我會來到書裡的島嶼，所以向 16 歲的我道聲晚安！正如現在的我，永遠不會知道 30 年後我會在哪裡？但別忘了向今天橙汁般的陽光道聲晚安。沒人能預知生命在時間的經緯裡有什麼走向，但要珍惜生命的美好。晚安！

歐洲之南 南

非洲之西 西

4月8日（星期五）

歐　洲

加納利群島

非　洲

8 點 27 分起床。你一定很好奇，我怎記得幾點起床的？因為旅行時醒來第一件事通常會先拍張相片，讓相片記錄時間。而今天剛醒還睡眼惺忪時，就拿著相片朝 Vincent 攝影棚（就是我睡覺之處）的地板拍了一張相片，那面地板印刷著數不清的「石頭」，所以常讓我以為睡在海濱的鵝卵石上。之後就趕快沖澡並處理雜事，下午要搭機去加納利群島了，動作得快一點。

但不管怎麼快，早餐一定要很悠閒地吃，所以 9 點 21 分，兩人開始在花園陽台上享用法式早餐。當我盛了一大碗綜合麥片正要倒入豆漿時，Vincent 忽然問我怎不用可口可樂？我張開一口白牙笑成半顆西瓜狀：「沒人大清早就喝麥根沙士的啦！」然後咯咯傻笑許久，沒想到 Vincent 還記得這件事。（忘了說，Vincent 家喝豆漿，不喝牛奶。）

餐後我就上樓清點行李，要在加納利群島停留兩個星期，千萬別少帶了什麼物品。另外也把隨身聽的音樂調成齊豫的〈橄欖樹〉，希望班機降落時聽到的是三毛年少時的流浪心情。在飛機上則打算閱讀《哭泣的駱駝》，裡頭那篇〈逍遙七島遊〉就是三毛在加納利群島的旅遊紀錄。書和音樂都要事先放在隨身行李裡，千萬別弄錯！

11 點 20 分，Jing 帶著行李過來按電鈴，我們得開始吃午餐了。其實肚子還不餓，但必須把冰箱裡的食物都清完，尤其那三顆朝鮮薊。Vincent 知道我和 Jing 都很喜歡吃朝鮮薊，前天特地買了三顆並煮好放在冰箱，但這幾天大家都沒空好好坐下來吃這種需要一瓣一瓣拔下來品嘗的蔬菜點心。這種美麗的植物，葉瓣盛開時會朝四面八方伸展，像數十隻「拈花惹草」的手同時揮舞著，所以法國人便稱其為「花心男人菜」。看來這又是文化差異所使然，若在中國應該會被命名為「千手觀音菜」吧！反正不管什麼名稱，食用時必須一瓣一瓣慢慢吸吮咀嚼，最好再沾些黃色芥末，反正得慢慢享受，絕不能像此刻這般趕著出門迅速亂吃，真是浪費那些朝鮮薊。

對了！你肯定很好奇朝鮮薊吃起來是什麼滋味？我是覺得味道彷若「燜芋梗」。你一定又想問那芋梗又是什麼？芋梗就是芋頭上面那截莖幹（不含芋葉）。若你還想知道芋梗吃起來味道如何，我只好說很像法國人的「花心男人菜」！

像八爪章魚般吃著朝鮮薊的同時，Vincent 還順手做了五個三明治說要帶上飛機吃。奇怪！機上不是都會供餐嗎？何況從比利時到加納利群島是國際航線，

飛程又長達4小時20分鐘,應該會提供一份正餐才對!但Vincent說我們要搭的是「charter flight」,到時會餓死。當時我不懂這個英文單字,還以為Charter是航空公司的名稱,所以無法理解為何Vincent這麼緊張。

下午1點鐘,我們叫了計程車,帶著行李及那五個三明治出發去機場。

沙丁魚的飛行

布魯塞爾機場像是Vincent的家,年輕時他在這裡的塔台服務十幾年,對機場的運作瞭若指掌,所以很快就帶領我們辦好登機手續。接著是Vincent的習慣,一定要在機場找地方坐下來悠閒喝杯飲料,他說這才像度假。而我們三人對飲料的偏好永遠不同,Vincent點了霞多麗葡萄酒(Chardonnay),Jing喝薄荷茶,我則是草莓汁。不知這次Vincent為何沒喝咖啡,倒是Jing抱怨她的薄荷茶非常難喝。才坐幾分鐘我就跑去拍攝自動販賣機了,他們把可口可樂設計成從尿尿小童(Manneken Pis)的小雞雞裡製造出來的,把相片遞給Vincent及Jing看時兩人都哈哈大笑。接著我立刻揶揄Vincent:「你不是最喜歡喝可口可樂嗎?」結果他立刻反駁:「是嗎?有人還把可口可樂拿去沖泡麥片呢!」

但登機後三個人就笑不出來了,機位擠到無法形容,還好本人研習瑜伽多年,先把自己折成立體長方形,再塞進座位裡,帶上眼罩就準備「大休息」了。但Vincent一直碎碎唸,說搭乘「charter flight」就是這樣,一點人性都沒有,為了多賣幾張機票連座位都安排得有如沙丁魚罐頭。聽Vincent抱怨一陣子之後,我終於猜出什麼是「charter flight」了,應該是台灣所謂的「包機」!而且我們搭的還是廉價包機,飛機上什麼東西都要花錢買,包括水,連聽音樂也要花五歐元租用耳機。服務人員節省下來的時間,則推著琳瑯滿目的飛行商品,在窄到不行的走道上販賣。因為已知這種廉價包機折磨人之處,難怪Vincent要自備三明治,而剛才也捨咖啡而猛喝葡萄酒,看能否讓自己醉到飛機著陸再醒。

被禁錮在這種幽閉的狹小空間裡,三個人的應對方式也不同,Jing閱讀佛書,我就戴上眼罩聆聽齊豫的〈橄欖樹〉,滿懷三毛式的文學情緒,Vincent則無聊地觀察機艙裡肥胖臃腫的男男女女如何在這種狹窄座位裡「生存」,彷彿藉由別人的痛苦便能減輕自己的鬱悶。他對我竟能在飛機上「三秒鐘就入睡」的特異功能

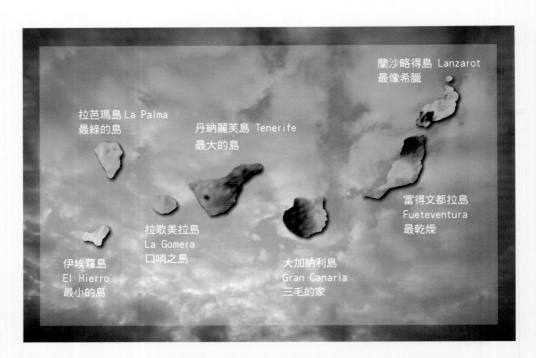

覺得極為不爽，沒事就故意拉扯我的眼罩要把我吵醒，真是頑皮的老小孩。

天上與人間

加納利群島位於歐洲之南、非洲之西，但距離非洲較近。

還記得三毛那篇氣勢磅礴的〈哭泣的駱駝〉嗎？當時她就住在西屬撒哈拉的阿雍（El Aaiun，或譯「阿尤恩」），這個沙漠中的荒涼小鎮距離北邊的摩洛哥邊境只有四十公里。〈哭泣的駱駝〉描述的正是 1975 年西班牙撒守西屬撒哈拉而摩洛哥占領阿雍時，沙漠兒女可歌可泣的愛情故事。阿雍淪陷後三毛及荷西並沒回到馬德里，而是往西北飛行兩百多公里來到加納利群島，這裡距西班牙最近的港口加底斯（Cadiz）將近一千公里。所以就地理上來說，加納利群島應該相連於非洲的撒哈拉，但行政上卻是屬於西班牙的海外行省。終於把地理位置交代清楚了。

三毛有許多精彩故事都發生在撒哈拉的阿雍及大西洋上的加納利群島，兩地

相隔不遠，但一處是沙漠，一處是島嶼。1975 年沙漠動亂後三毛逃離阿雍，於是寫下史詩巨作〈哭泣的駱駝〉，而收錄其後的便是〈逍遙七島遊〉，這是三毛在加納利群島的旅遊紀錄。1979 年齊豫出版《橄欖樹》專輯，同年荷西因潛水意外死亡。終於，也把時間背景交代清楚了。

2011 年我們從布魯塞爾飛往加納利群島，這裡的七座火山島分別是：拉歌美拉（La Gomera）、拉芭瑪（La Palma）、伊埃蘿（Hierro）、丹納麗芙（Tenerife）、富得文都拉（Fueteventura）、蘭沙略得（Lanzarote）及大加納利島（Gran Canaria），我們即將降落的是七座之中面積最大的丹納麗芙島。

經過四個多小時的飛行，機上廣播開始提醒大家繫緊安全帶準備登陸，我的心情也跟著波動，不知即將看到的加納利群島是什麼模樣？Vincent 及 Jing 已透過窗戶眺望海上的島嶼了，我則閉起眼睛，要把驚喜留在步出機門的剎那。於是專心聆聽耳機裡的音樂，最後在齊豫〈搖籃曲〉的歌聲裡，班機安全著陸了，時間下午 7 點 3 分。步出機艙，我拍下第一張相片，夕陽正穿越雲層對大地作最後一眼的窺視，而我則開啟心靈對這個島嶼進行第一眼的探索。

天色未暗，天空浮著一片一片魚鱗般的雲朵，剛到丹納麗芙島就發現「天上」是幕多彩多姿的舞台，每天上演炫麗多變的日暮晨昏。機場距離南部度假勝地 Los Cristianos 只有十幾公里，巴士得逐一把乘客送到旅館，於是我們隨車在各大豪華觀光飯店之間繞著，終於了解三毛在書裡所謂「沒有個性，嘈雜不堪，也談不上什麼文化」的意思了。那些觀光飯店櫛比鱗次層層相疊猶如巨獸，而商店餐館及夜店則據地橫行多如鼠輩，就這是此地的「人間」。於是半小時不到，就發現在丹納麗芙島「天上」和「人間」雖脣齒相依卻涇渭分明，上面的視野總是藍天、雲朵、火山、夕陽……美不勝收，下面則是餐館、旅社、夜店、商場……目不暇給。將近九點我們來到 Costa Adeje，豪華地進駐一家大如皇宮的旅館。吃完自助式晚餐已經十點半了，立刻離開人群來到海邊散步，我和 Jing 浪漫地聯想著三毛書裡的文字，而 Vincent 則不斷抱怨：「來加納利群島還不如去紐約！」我們兩個才不理他，兀自在海邊唱歌。

回到房間我閒適地把三毛的書拿出來翻閱……那是 1970 年代，三毛來到丹納麗芙島觀賞嘉年華慶典，戴著一頭玫瑰紅的俗豔假髮陪著荷西和滿街的年輕人一起狂歡……這彷如昨日的畫面便伴著我等待夜夢到來。

晚安！陌生又熟悉的丹納麗芙島，這裡是天上和人間的交界。

樂園裡的

拉歌美拉島

4月9日　星期六

昨晚就設定鬧鐘，5 點 50 分要起床觀看加納利群島的第一場日出。結果因為時區及日光節約時間（Daylight Saving Time）等因素，這邊居然要 8 點鐘才會有日出，整整比正常時間晚兩小時。我也是今天才知道，所以摸黑到海邊繞一圈後就回房了，7 點鐘用餐，之後小巴士會載我們去碼頭搭乘渡輪，這幾天的行程如下：

4 月 8 日從布魯塞爾搭機到丹納麗芙島。

4 月 9 日從丹納麗芙島搭渡輪到拉歌美拉島，住四天。

4 月 13 日從拉歌美拉島搭渡輪回丹納麗芙島，住十天。

4 月 22 日從丹納麗芙島搭機回布魯塞爾。

在丹納麗芙島停留的十天裡，有四天住在海拔兩千多公尺的荻伊笛（Teide）火山國家公園，剩下六天則回到南方海邊，其中挑選二天分別搭機到拉芭瑪島及大加納利島，所以加納利的七座島嶼中我們將造訪四座。今天要從丹納麗芙島搭渡輪到拉歌美拉島，預計停留四天。

從旅館到港口只有十分鐘車程，此時觀光客還在用餐，所以度假飯店林立的市區反倒有些冷清，不像昨夜的燈紅酒綠那般令人驚駭。日出前天色泛著一層偏藍的粉紅，有點像莫內（Monet）那幅《印象‧日出》，但顏色再淡一點。我覺得加納利群島的大自然色彩都極為迷人，即使夾雜在高樓縫隙間的天空都美得令人嘆息。

8 點多來到碼頭，人車洶湧的程度超乎想像，和三毛當年所見略同，這是她在書裡的形容詞，「碼頭邊的街道上人潮洶湧」、「混亂得有如大災難來臨前的景象」。希望所謂的「大災難」不是鐵達尼那種，因為我們正要搭乘渡輪。看到碼頭的混亂場面，連 Vincent 都呆楞著，幾分鐘後才回神開始領取船票並托運行李。所有雜事皆處理完畢，三個人立刻逃離吵雜的候船室，溜到海堤上去透氣。

我們要搭乘的渡輪是可以把船頭打開，讓汽車往大船肚子裡駛進的那種，當初三毛及荷西就是利用這種船將他們的車子從大加納利島運過來的。在堤岸上，我們正好看到一艘渡輪要離港，都已駛出碼頭了船頭仍敞開著。Vincent 說這樣很危險，要是碰巧一個大浪打來，瞬間就可能有幾公噸的海水從船頭湧進船艙，萬一淹進來的水分布不均，某一邊就會暴增數噸重量，船隻可能瞬間傾斜翻覆。Vincent 特別解釋船是不會沉啦，但肚子裡數十輛汽車會被擠壓到一側像積木似的，裡頭的乘客絕對死傷慘重，幾年前比利時才發生過類似的意外。才說完，那艘剛出港的渡輪彷彿聽到 Vincent 的

FRED. C

這是我們當時上船的情形，像不像電影《鐵達尼號》！

警告了，趕緊把船頭關上。於是 9 點鐘，我們就在三毛形容的「大災難」及 Vincent 提供的渡輪翻覆意外資料中，登船準備出發了！

　　說起航海知識，我們這些自稱島嶼子民的台灣同胞絕對比不過比利時或荷蘭人，更不用說擅長航海的西班牙人了。不過你若上過地理課的話，是否還記得「加納利洋流」這個名詞？這道寒流起於西班牙南側的直布羅陀海峽，往下沿著非洲西岸流動，直到赤道附近才往西湧向加勒比海。當年哥倫布就是順著這道洋流發現新大陸的，兩千年前摩洛哥人的船隻也是順著這道洋流來到加納利群島；而數個世紀前加納利發生饑荒時，島民也是順著這道洋流往西移民到拉丁美洲，所以古巴及委內端拉境內有許多加納利人的後代。今天我們也隨著洋流航行，往西尋訪下個停泊處，一小時後來到拉歌美拉島的聖塞巴斯提安 (San Sebastian)，當時風和日麗、天青海藍，心情都跟著開朗起來了。

盤旋

　　拉歌美拉島 (La Gomera) 面積 369 平方公里，大概是澎湖縣的三倍大，居民約兩萬。整座島嶼形狀完整，像個直徑 25 公里的圓錐，中間最高處海拔 1,487 公尺。關於拉歌美拉島，所有旅遊資料都強調她的悠閒生活步調及純樸民風，彷彿時光靜止在這個孤

島似的，連三毛都用「被人遺忘」來形容。但正因這份遺世獨立，被我們認定是天堂，於是安排四天過來度假。

　　要在這個直徑 25 公里的島上住四天！不是十幾分鐘就能逛遍了嗎？若你這麼認為的話，那就會「錯得很離譜」。拉歌美拉島數百萬年前因火山爆發而浮出大西洋，後來長期缺乏新岩漿噴發，整座島被侵蝕出無數曲折的峽谷，環島交通網就像迷宮似地盤旋在山巒及懸崖間，想穿越拉歌美拉島絕非「25 公里的直線距離」所能解決。我們抵達東岸的聖塞巴斯提安後，得搭乘小巴士到南端的聖地牙哥（Playa Santiago），明明直線距離只有 10 公里，但司機卻說要行駛半小時，還強調中途不休息，問我們有沒有意見？當然沒意見，短短 30 分鐘的車程算什麼！沒想到車子離開湛藍的港灣之後，便在綴滿灌木叢及棗椰樹的山巒間盤旋迴繞，會暈車的人肯定畏為地獄，但沿途景色真的美如天堂……谷深山幽、雲海盤空、奇岩聳立、草碧樹綠，偶見幾棟西班牙式的民宅總是臨崖而築，有如懸浮的天空之城。抵達聖地牙哥後，我和 Jing 立刻質問 Vincent：「這座島嶼美得不像樣，你還認為來加納利群島還不如去紐約嗎？」他只是聳聳肩，笑著默認自己「誤判」。雖然他已來過加納利群島兩次，但還沒到過拉歌美拉島，才會認為這裡和丹納麗芙島一樣過度觀光化。

樂園

　　我們的度假村，Hotel Jardin Tecina 就位於島嶼最南端的懸崖上，凌空俯視蔚藍的大西洋。房間是度假木屋式的，每間都有陽台，四周長滿茂密的植物，而且適逢春季繁花盛開，繽紛得像打翻顏料的調色盤。而鮮花及房舍又被綠樹濃蔭所包裹，像私藏在雨林裡的人間樂園一般，進到房間我立刻沖澡，享受樂園裡的水聲淙淙。

　　12 點 25 分，三個人晃到泳池邊的戶外餐廳用餐。但西班牙的午餐時間是下午 1 點才開始，所以只供應點心。Vincent 及 Jing 要等到供餐時間再正式吃頓西班牙海鮮，我則隨便吃份鮪魚三明治就先回房了。下午自由活動，晚上 8 點再會合用餐。循著花香回到房間後，便播放齊豫的《橄欖樹》，在樂園裡享受一場枝繁葉茂的睡眠。

　　恬適地睡到 3 點半才起床，帶著攝影背包準備沿著岩壁走下懸崖到漁港去晃晃。

下午 4 點鐘（實際時間應是下午 2 點）是加納利群島太陽最毒辣的時間，我汗水淋漓地走下懸崖，總是每逢樹蔭必休息，以免被晒到溶化。但荒瘠的崖壁當然不會有什麼巨木濃蔭，即使有棵椰子樹都會感恩地躲到纖細的樹幹下暫歇。沒辦法！這裡日照太充沛了，拉歌美拉島南部的全年平均日照時數高達 3000 小時，台北才 1600 小時，高雄雖然炎熱，但每年也不過 2100 小時，難怪嗜晒陽光的北歐人會那麼喜歡來加納利群島度假。反正沿路躲豔陽，慢慢來到這個藍得像寶石的小漁港，沙灘上居民稀疏地作日光浴，港口則浮著幾艘小漁船，隨風輕盪別具西班牙風情。這裡沒什麼觀光客，所以寧靜又祥和，連碼頭的海鮮餐廳也不播放音樂，任幾位漁人在裡頭悠閒喝著啤酒。我就在堤岸邊亂晃，哼哼陳昇的歌、吹吹海風、悠閒等待夕陽……

此時跟我從台灣來的小胖利也在海灘上呼朋喚友，玩得不亦樂乎！

小胖利原來是屏東南迴公路上伊屯部落的宅屋磚塊，房屋改建後斷裂的磚塊被楓港溪沖刷到屏鵝公路旁的沙灘，再經潮汐日夜琢磨，終於變成圓滾滾的肥胖模樣。1998年 5 月，我從台東返回高雄時在楓港海邊遇到他，問他叫什麼名字，他用原住民嘹亮的嗓音說：「小胖利」，從此便成為我房間裡的成員之一。平時他的朋友有冰島火山熔岩、埃及沙漠黃石、約旦紅色沙岩、紐西蘭流紋岩、西藏白玉石……等我從各國帶回來的石頭。這次聽說我要來加納利群島便吵著要隨行，還說第一次出國若能到三毛住過的島嶼肯定終生難忘。那時我覺得很好笑，什麼「終生難忘」？石頭的一生少說也數百年，難忘的事可多著呢，不過我還是帶他來加納利了。之前在布魯塞爾，他看到 Vincent 攝影棚裡的石頭地板，嚇得說那是法國大革命時犧牲的同胞（遍地陳屍），所以躲著不敢出來。現在才興奮地在沙灘上和一堆朋友聊個不停，也不知他的排灣族語言如何和西班牙語溝通，反正到處串場還高唱山地歌謠。

懸崖上的晚餐

在碼頭待到 7 點鐘才漫步而歸，輕鬆沖個澡便到陽台上翻幾頁三毛的書。在《溫柔的夜》裡有篇〈石頭記〉，那時三毛迷上彩繪石頭，經常到海邊去撿石頭。讀完我就告訴小胖利，要不要把你彩繪成西班牙鬥牛士，他拼命搖頭說：「我要當獵山豬的勇士！」

小胖利

算了吧！你長得圓滾滾的，山豬根本不怕你。

好！8點鐘已到，該會合吃晚餐了。我們的住宿包含早、晚兩餐，不然住在這懸崖之上去哪裡找東西吃！三人都偏好餐廳二樓陽台的戶外座位，就懸在崖壁上邊吃邊聊，等待落日餘暉化成滿天彩霞，再變成藍絨夜空裡的新月高掛。

三個人的晚餐總是笑語不斷！這家廣闊的花園度假村有曲折小徑，蜘蛛網似地四處遍布，服務生幫忙運送行李時就駕駛小型電動車穿梭其間。剛好有輛行李車經過，可能負荷過重發出怪異的滾輪聲音，有點像蜂鳥振翅但速度極慢。所以 Jing 就抬頭，張眼四望如發現異狀的鴕鳥，並問說：「那是什麼聲音？」

我低頭咀嚼，像雙頰漲滿草莖的斑馬，漫不經心地說：「是蜜蜂。」

「是蜜蜂嗎？」Vincent 也好奇地抬頭，如大象高舉著鼻子般質疑著。

「是啊！」我放下刀叉，將雙手縮到胸側兩邊，露出手掌當翅膀上下拍動並配合嗡嗡的聲響，然後眉頭高舉脖子伸長……奮力向上飛行。但拍過一陣子後，便精疲力竭地往下掉落，雙翅抖成中風模樣，還刻意換上飛機掉落的聲音。反覆表演幾次後才說：「肥蜜蜂！剛才就是一隻心有餘力不足的肥蜜蜂從陽台下飛過，衝飛一陣子就無力下降，所以發出那種怪異聲音。」他們都被我這隻「肥蜜蜂」逗到大笑不已，連隔桌的德國夫婦也好奇地看我。最後 Vincent 說，所以我們又有了「肥蜜蜂」的故事了！因為幾年前我們去波蘭，發現當地人喜歡以老鷹來設計圖騰，故意戲稱那是「雞」，從此有了「雞」的故事，而今晚則有「肥蜜蜂」的新故事。嬉鬧到 10 點鐘，才結束這頓肥蜜蜂的餐會。

感謝老天，讓我在哥倫布航行過的洋流及三毛住過的島嶼，隨著浪濤恬靜入睡。

晚安！樂園裡的拉歌美拉島。

吹笛者的

夢 境

4月10日星期日

今天很特殊，三個人都決定不安排任何行程，各自在度假村裡自由活動。期間只集合兩次，一次早餐，一次晚餐。明天才會租車出去晃，今天就盡情睡覺、閱讀及飲食。真好！我喜歡這種無所事事的旅行方式。

7 點 50 分起床看日出。

我認為全世界最輕鬆的日出拍攝地點就在加納利群島！因為這裡的時間比實際時間晚兩小時，所以原本清晨 6 點會冒出海平面的太陽，要到 8 點才會懶洋洋地升起。在台灣拍攝日出都得凌晨 5 點出門摸黑守候，在這裡只要 7 點 50 分起床，穿著拖鞋走幾十步，到度假村東側就能看到一顆圓滾滾的火球蹦出海面的壯觀畫面了。可能得來全不費工夫所以沒人珍惜，從沒見過任何觀光客起床看日出；同樣的，加納利群島每天也都有炫麗的日落，可能過於頻繁也沒見誰守候著夕陽及彩霞，難道在天堂住久了真的會對美景視若無睹？

日出過程前後大約十分鐘，所以 8 點 10 分就散步回房間洗澡了。此時周遭鳥囀蟲鳴繁花似錦，陽光把大地染成香甜的鮮橙色，沖完澡我一身清爽地在陽台上聆聽齊豫的〈青夢湖〉：

清晨的涼露何等瑩潔

四月是希望與濃蔭覆蓋下的湖水

我是未啟航的小船兒

靜臥在岸邊……

　　歌詞的最後一句是「我流動的思想就是這樣慢慢地變成了詩」，天啊！當時心情真的化成詩了，而且有種淡淡的幸福感。

　　約好9點鐘一起吃早餐，但Vincent和Jing都遲到，我們9點35分才去用餐。

夢境

　　不知你喜不喜歡盧梭（Henri Rousseau，1844~1910）的作品，他是印象派後期的神祕主義畫派先驅。盧梭的畫風充滿想像力，例如著名的《夢境》（The Dream），就描繪一座奇花異草的原始森林，墨綠色的晦暗氣氛裡有位裸體女人不可思議地躺在華麗的沙發上，然後有兩隻眼如銅鈴的獅子伴隨著黝黑的吹笛者，這幅怪異的夢境是我極喜歡的畫作之一。而我們住的這座度假村雖位於雨量不多的懸崖上，卻被悉心培植出一片濃密的森林，行走其間都讓我想到盧梭的《夢境》。更巧合的是，三毛家裡也掛著一大幅盧梭《夢境》的複製畫，所以這「夢境」就更加跨越時空虛實不分了。吃完早餐我就在度假村裡閒逛，綠樹濃蔭下彷彿有眼如銅鈴的獅子及黝黑吹笛者，而各種奇花異草則像寓言般茂盛生長著……

　　約11點鐘，我好奇地逛到度假村外頭去，先往東走，野花遍地的道路才延伸幾百公尺就遇到Tapahuga河谷的出海口了，我在懸崖這頭眺望河谷另一邊的懸崖，兩邊皆山勢雄偉，而其間則是湛藍發亮的海洋，這不是盧梭的《夢境》，比較像電

影《魔戒》(The Lord of the Rings) 的場景。於是又折回往西走,也是數百公尺不到就遇到陡降的 Santiago 河谷,而出海口就是昨天去的聖地牙哥漁港。我們的度假村就位於兩個河谷之間的懸崖上,氣勢非常雄偉。門口前方百餘公尺,也有十來戶居民和我們一樣座落於崖頂上,我順路過去逛了一圈。幾乎都沒人住,據說屋主大多是德國或北歐人,冬天才會過來避寒。這個小得不能再小的社區裡仍有一座小教堂,今天星期日應該有人作禮拜才對,但卻大門深鎖,讓我想到三毛在〈逍遙七島遊〉裡曾寫著「神父,在這裡亦是寂寞的。」當時她及荷西也在拉歌美拉島的冷清老街上發現一座教堂。

12 點半我就慢慢逛回來了,沖個澡把冷氣調強後便舒服地入睡,期待有場盧梭《夢境》般的夢境。

下午 4 點鐘又走下崖壁,越過河谷來到聖地牙哥漁港。我是個迷戀海洋的人,燈塔、港口、漁船、水手、海風、鷗鳥⋯⋯這些字詞對我來說都有種無法解釋的魅力,所以只要是漁港,我就能在那裡活得快樂又滿足。尤其海邊的落日總是美如畫境,漁船會被夕陽塗上橙黃的暖色調,當那些船影長到足以將漁港覆蓋成暗灰色時,天色就開始轉為普魯士藍,漁火紛紛亮起等著啟航出海捕魚。這種漁港素描,不管是油畫或水彩都讓人著迷,於是我就在聖地牙哥漁港吹著海風等待落日。

7 點鐘才歌詠而歸,越過河谷及香蕉園再攀回懸崖上的祕密花園,喜見《夢境》裡的一切仍寫實著,先沖個澡,換上一身正式服裝等待晚餐。

比利時的孔夫子

一個人的時候我總是浪漫多感,但和 Vincent 及 Jing 合體後就開始搞笑了。明明身著體面服裝,坐在懸崖邊的戶外陽台享用豐盛晚餐,但燭光裡三個人就是會嬉鬧到讓別桌都忍不住側目注視。當時聊的是宗教,原本聽著 Jing 敘述去年到美國造訪法鼓山紐約東初禪寺的情形,但不知怎麼聊的,卻換到 Vincent 解釋他的宗教觀。他是個無神主義者,平常從不去教堂,不過有個但書,若比利時的摩洛哥移民越來越多,多到境內清真寺的數量超越教堂時,他就會開始上教堂了。Vincent 想表達的是,自己有種「同情弱者」的叛逆性。說著,他忽然想引用孔老夫子的話,於是試著用中文發音,但卻唸成孔夫「祖」了⋯⋯我和 Jing 先是愣住

然後捧腹大笑，等到情緒稍能控制，我才對 Jing 說：「我們台灣沒有孔夫『祖』，是不是你們那邊的人？」說到「祖」那個字的時候，還故意嘟著嘴模仿出介於「祖」和「粗」之間的粗魯氣音。當然 Jing 立刻表示：「大陸這邊也沒有孔夫『祖』，我想他應該是比利時人！」結果連 Vincent 都笑個不停，周遭的人皆莫名其妙注視我們，希望他們把我和 Jing 都誤認成韓國人，不是有韓國學者主張孔夫「祖」是韓國人嗎？

　　狂笑許久才逐漸恢復正常交談，但等 Jing 去端了一盤水果回來後，我忍不住問她：「你怎麼有橘『祖』？」結果三個人又笑到東倒西歪了。

　　我們的搞笑晚餐就這樣從 8 點吃到 10 點多，明天要租車環島旅行，所以得早點休息。躺在床上我總能感受屋外那些茂密的植物正恣意伸展，油綠肥碩的捲鬚、樹葉及枝幹都像蟒蛇般在夜裡活躍著，彷彿有股神祕的笛聲在蠱惑這些植物，讓它們隨著旋律快速增長，直到緊緊將你的夢境交織成亞當及夏娃所熟悉的那個樂園。

　　此時森林裡的獅子已被馴服如貓，睜著銅鈴般雙眼聞嗅著汁葉的香味，笛聲漸漸飄浮如霧，慢慢溶進夢境……原來，我自己就是吹笛者。晚安！

海角

4月11日 星期一

天涯

　　仍是 7 點 50 分起床看日出，之後就在度假村裡散步，還特別繞到游泳池去參觀，會那麼早起床的泳客都是老年人，而且都是有晨泳習慣的高手。在台灣我也每天游泳，但實在不喜歡在這種圓形的小泳池裡「青蛙戲水」，所以沒任何想下水的念頭，倒是跑去健身房活動了半小時。

　　9 點鐘三人會合吃早餐，他們選了一桌陽光普照的戶外座位，邊晒太陽邊享用美食，但我只覺得耳朵晒得發燙。後來 Vincent 吃完先去處理租車事宜，我和 Jing 就可以輕鬆的用中文聊天了。她要我推薦港台女導演的好作品，布魯塞爾有個影展想挑選這類的片子，但想了半天只記得許鞍華的《天水圍的日與夜》，因為我曾借用這個名稱改寫成一篇叫《添水肥的日與夜》的文章。後來 Jing 又聊到歐洲的失業金制度，很多年輕人不工作只想坐領失業金，而且領的錢甚至是別人薪水的 80%，所以誰要努力工作啊！Jing 一直用「羅馬帝國盛極而衰」的例子來形容現在的歐洲。我忽然好奇地問她，Vincent 平常有兼差嗎？

　　「他退休後不愁吃穿，攝影之外每天只忙著改進家裡那棟高科技建築的控管程式。」Jing 嘆了一口氣又繼續補充：「屋裡的各種自動化設備複雜到不像樣，讓人永遠搞不清要如何操作。」

　　聽完我昂然大笑，因為每次來布魯塞爾都要重新學一遍屋裡各式各樣的開關。我還記得 Vincent 有個高科技溫度計，在室內這頭的只是小巧如鬧鐘般的電子儀表，但連線到室外的卻是精密的感應器，不但能顯示準確的室內外溫度、濕度、風向及風速，甚至可預測下雨機率。Vincent 說透過衛星接收雲層資料後，微處理器就能推算當天的下雨機率。所以歐洲的懶人坐領失業金，生活過得逍遙又自在，而歐洲的有錢人家裡甚至擁有衛星系統能預測天氣，這哪像「盛極而衰的羅馬帝國」？根本是西方極樂世界嘛！

　　11 點準備開車出去環島，但 Jing 想留在度假村內臨花閱讀，所以我和

Vincent 只好自行前往島嶼東邊的聖塞巴斯提安。我了解 Vincent 的旅遊習慣，他喜歡開車往天邊海角亂鑽，所以即使設定目標也經常到不了。果不出所料，才出門就被起伏的山巒及遍布其間的山火殘岩所吸引，頻頻下車拍照，不然就胡亂沿著小路開到盡路才回頭，反正完全偏離規劃路線。後來看見遠處一脈白雪靄靄的山峰，襯在藍天裡剎是美麗，立刻驅車往前探尋。最後才發現那不是積雪，而是白得像棉花糖的雲層覆蓋在山頂上。於是又繼續往崎嶇石路開去，來到峽谷盡頭就近觀賞，那些濃密的白雲居然飛瀉如流瀑，這不是古人所謂的「行雲流水」嗎？我在南橫看過類似的雲瀑，但總是水霧瀰漫若隱若現，但眼前的雲瀑卻立體流動在豔陽下，讓人嘖嘖稱奇。原來加納利群島沿海有寒冷洋流，而從非洲過來的貿易風又帶來熱空氣，這種冷熱交錯之處經常風起雲生形成許多自然奇景。我們就這樣流連忘返「只在此山中，雲深不知處」，結果也沒去聖塞巴斯提安，下午一點多兩人就返頭回來了。

　　Vincent 及 Jing 要去吃海鮮午餐，我只想睡覺，所以約好 3 點再出發。我們向 Jing 保證這個島美得不像樣，不出去走走可惜，因此她也決定同行。

魔域森林

　　3 點鐘出發，換個方向往西岸走，雖然整座島的直徑才 25 公里，但山路彎彎且谷深嶺峻，我們又喜歡隨興亂竄，不知能否順利抵達西岸！倒是才出門就聽到 Jing 驚嘆連連了，確信我和 Vincent 所言不假，這座島真的極美。沿著 TF-713 公路向西走，途中看到奇岩深谷就停車賞玩，約莫 4 點鐘進入加拉荷奈國家公園（Parque Nacional de Garajonay）。這片以月桂樹為主混合著石南、冬青、松樹、蕨類、苔蘚的高山原始森林，1986 年已被聯合國教科文組織（UNESCO）列為世界

遺產保護。這種古老森林原本覆蓋著整個地中海區域，卻在兩百萬年前的冰河時期遭到滅絕，唯有接近亞熱帶的加納利群島僅存一些。但五百年前人類又帶來一場比冰河還猛烈的伐木浩劫，當時西班牙人在加納利群島引進甘蔗種植業，用來製糖造酒外銷到英國，因煉糖廠需要燃料於是濫砍森林。幸好拉歌美拉島開發較晚，受甘蔗工業的肆虐相對較淺，山上的原始森林因此得以保留下來，難怪會被列為世界遺產。

從生物及歷史的研究角度來看，加拉荷奈國家公園的確非常珍貴，但對觀光客而言，卻像一座陰晦沉鬱的魔域。這種森林和我在台灣高山看到的完全不同，樹種雖不高但卻緊密糾結，加上青苔蕨類盤纏，百年腐枝橫陳，整座森林晦暗無比。國家公園的面積極為遼闊，除了貫穿森林的道路之外不見其他文明跡象，午後又經常雲層罩頂，穿越濃霧時就像駛向未知的幻境，沒有終點也不知方向。說真的，我只是希望盡快離開這片死寂的森林。

直到 4 點半才擺脫迷霧森林的糾纏，終於要停車休息了……靠！Vincent 居然停在墓園前。或許外國人對墓園比較不忌諱，但我才在懸崖上俯拍幾張山谷的相片，轉身就看到 Vincent 和 Jing 在墓園裡玩起「被釘死在十字架」的遊戲，兩人的舉動真像一幅荒唐又寫實的達利（Salvador Dali）畫作。

天涯之海角

　　此時我們已離開主要公路，進到所謂的當地聯外道路，又繞了一陣子就連柏油路面也沒了，續繼顛簸一、兩公里後，便隨著幾個陡峭的 S 型山路直接下降到包夾於峭壁間的阿羅黑拉海灘（Playa de Alojera）。岸邊座落幾棟西班牙式白色建築，得穿越其間才能來到在夕陽中發亮的海濱。這處位於天涯海角的小村落美如畫境，參差的白屋就懸浮在湛藍海水之上，偶爾才見一兩隻碧眼波斯貓拖著長長的身影緩行而過，除此之外沒任何觀光客。多愁善感的 Jing 就禪定般溶進透明的海風裡，獨自站在堤岸盡頭隨風飄盪。Vincent 坐在小酒館前喝著可口可樂，任交錯的波浪光影映射在身上，看起來像是滿臉鬍鬚的海神尼普頓（King Neptune）。我呢？面對大自然的美景時總會感謝老天，而且好希望爸媽也能來此一起分享生命的美好。幸好還有小胖利在，我們就坐在沙灘上快樂地眺望湛藍的海洋。

　　因為回程尚遠而且得穿越濃霧瀰漫的森林，所以 7 點鐘就依依不捨離開了。真的好喜歡這裡，若哪天會想重遊加納利群島，也許就因為懷念這片天涯海角的美麗海灘吧！

夢裡仍有夢

　　8 點半用餐，吃飯時聊的盡是 Vincent 的家務事，他們面對婚姻及感情的瀟灑態度超乎我們所能想像。我永遠忘不了幾年前的一次聚會，五個人在 Vincent 客廳裡愉快聊天，除了我這個東方來的客人之外，其他四位分別是「Vincent 和他的女朋友」，還有「Vincent 的老婆及她的男朋友」。Vincent 雖和老婆分居，但彼此仍像親人一樣，這和台灣影劇及社會版上常見的「非友即敵的分手哲學」大不相同，其間的優缺點我不便評論，當然 Jing 也不感興趣，她只喜歡研究宗教。但今晚聊的話題更搞笑！因為 Vincent 他老弟不想養小孩，但老弟的女友卻想擁有小孩，於是八十幾歲的老媽就雞婆地問 Vincent：「你能否代勞，幫你弟弟讓他女朋友生個小孩。」聽完，我和 Jing 大笑之餘都連聲稱讚老媽的豐富想像力。

　　回房後我開始備份今天拍攝的相片並讓相機充電，10 點多便就睡了。

　　又是快樂的一天，我們居然穿越森林到島嶼最西邊的海角天涯去了，那座發亮的海灘真的很像一場夢，其實在拉歌美拉島每天都像生活在夢境裡。晚安！期待夢裡仍有夢。

哨語

4 月 12 日　星期二

昨天去西岸時，意外發現了一處藏在海角天涯的絕美海灘，所以想往西繼續探尋這種世外桃源。原本我們都9點吃早餐，昨夜 Jing 就提議提前到8點用餐，才能趁早出門。我本想反對，因為8點是我看日出的時間，但考量大家一起旅行還是少點意見比較好，就沒提出異議了。

結果整個過程非常搞笑！Jing 睡到8點還沒起床，我就先溜去看日出了，而 Vincent 則消失在花園某處閱讀。看完日出回來，Jing 已出現並問我 Vincent 去哪了？然後就出門要把 Vincent 找回來。不久 Vincent 回來，但 Jing 不在，輪到他去找 Jing。反正這個度假村像迷宮似的，誰也找不到誰，最後三個人還是拖到9點才去用餐。

吃飯時聊的是教育，我提到再過幾年，台灣的大學錄取名額會多於考生，屆時不少學校將因招收不到學生而倒閉。Vincent 及 Jing 都很疑惑，為何不讓大陸學生到台灣就讀？我語重心長地說，就供需理論而言這當然是最簡單的方法，但若考量到社會及政治等因素事情就複雜了，例如有人提出「萬一陸生愛上台生怎麼辦？衍生的問題如何善後！」

「這樣很好啊！用性愛解決兩岸問題最人性化了。」Vincent 得意地大叫。

哎！希望 Vincent 趕快用性愛解決比利時南北鬧分裂的問題吧！

飯後我叫他們先去休息，我要到販賣部買件外套，明天要前往海拔兩千多公尺的火山上，當時三毛就在那裡凍到生病，為防萬一多買件禦寒衣服好了。通常高級旅館販賣部的售價都偏高，但此處還算物美價廉，所以買好外套就回來向 Vincent 獻寶。結果他覺得這件外套很好看也想去買，可惜已沒存貨。但 Vincent 回來又向 Jing 報好康，所以輪到她去買一條水藍色絲巾，優雅地披著回來展示戰果，還不忘強調有頂帽子非常適合 Vincent。好吧！乾脆三個人都一起過去⋯⋯當然帽子也買了，但這樣來來回回不知不覺已經11點多了，不是說要早點出門的嗎？真是搞笑三人組。

逐站之旅

11 點 23 分出門,仍是往西岸前進,但沒設定旅遊目標。

11 點 45 分首先發現奇石一批,於是下車觀賞。正當我跨進草叢要拍照時,Vincent 大喊一聲把我叫住,驚嚇之餘才知是要我小心草叢是否有蛇,因為我穿涼鞋,可見歐洲人對野外安全有多重視!昨天風大,Vincent 就不讓我站在懸崖邊拍照,他說一陣強風就足以讓人喪命,而平常只要有落石痕跡的山壁他絕不停車。喜歡航海的他還表示,若沒有當地人游泳的海域千萬別下水,因為唯有當地人最了解當地水性。從這些細節看來,他們應該從小就學過不少野外安全的課程。其實我後來有向 Vincent 解釋:「三毛的書裡說加納利群島沒有蛇。」但他還是提醒,出外旅行安全最重要。

12 點 21 分的第二站是山脊上的叉路口,制高點立了一具十字架,於是我們追隨上帝的腳步下車遠眺兩側起伏的山巒。

12 點 37 分第三站,來到一片褐黃色草原,我們就在原野上奔馳。忽然 Jing 大叫:「一隻好美的小鳥!肯定是加納利特有品種。」於是 Vincent 就踩下油門

國王峽谷上的民宅

開始追逐那隻藏匿在草原裡的小鳥，我則順勢唱起〈橄欖樹〉

為了天空飛翔的小鳥

為了山間輕流的小溪

為了寬闊的草原　流浪遠方　流浪

忽然 Jing 驚叫：「小鳥就在那裡！」我們立刻飆追過去。

「這明明是一隻很普通的鴿子嘛！哎……」Vincent 又氣又好笑地抱怨。

我也跟著「哎！」了一聲，斜眼瞪著 Jing。

接著 Vincent 又繼續「哎！」並說：「要看鴿子比利時多得很。」

「哎！是啊，我從台灣流浪到這裡，絕對不是為了天空飛翔的鴿子。」

哎！哎！哎！……我和 Vincent 故意輪流哎哎叫不停以示抗議，而 Jing 早已笑到有氣無力，連要反駁都開不了口。等大家都笑夠了，Jing 開始教我們唱〈草泥馬之歌〉，三個人就一路歡唱讓歌聲迴盪在草原上。

12 點 52 分第四站，在褐黃色草原的盡頭我們看見河谷了，谷底的出海口有片沙灘，於是決定前往探尋。只是沿著右岸開到最後才知沒路能下去，得從左岸才行。雖然兩岸才相距數百公尺，就是沒有橋梁能跨越，必須按原路回到第二站的

我的鞋子

加納利群島到處都看得到色澤豔麗的岩石

叉路才能切到左岸。但這樣來回至少要一小時,只好放棄那片不知名的沙灘。

說到這裡要順便解釋拉歌美拉島的特殊地理現象,整座島嶼就像一把傘,中央有高山,河流則像傘骨般放射狀流向海洋。但經長期沖刷後,原來的「雨傘」已被溶蝕成立體狀的半截「楊桃」了,也就是說放射狀出去的河流已凹陷成河谷。古時候根本沒有橋梁,住在河谷兩側的居民要如何運送物資?只好先從傘骨走回軸心,再沿另一根傘骨走到對面去。這樣原本只有數百公尺的距離,繞到軸心「來回一趟」就變成二十幾公里了,這就是我們今天遇到的狀況。正因這種地理限制,在還沒有電話之前,居民為了傳達訊息就發明一種「口哨語言」(El Silbo),隔著河谷吹來吹去便能「交談」了,因此拉歌美拉島又被稱為「口哨之島」。

1點 21 分第五站,沿著懸崖行駛,結果被上百隻山羊擋住去路,羊群也不移動,只有幾隻爬上崖壁(山羊天生會爬山)愛理不理地看著我們。這裡肯定連路人都罕見,羊兒才會對人類那麼沒戒心。不過倒有幾隻心機頗重的羊,佇立在崖壁上拼命用腳把小石頭踢下,以落石攻擊我們,希望能驅走這三名不速之客。我們只好相約,晚餐時多吃些羊肉以示抗議。待了十來分鐘,羊群仍堅持擋在路中間,我們只好緩緩移動車子,強迫牠們把路讓出來。

1點 56 分第六站,來到魔幻森林邊緣了,但 Jing 說內急,只好停在路邊讓她消失在樹叢裡「方便」。不料幾分鐘後竟聽到她的淒厲叫聲,我和 Vincent 急著鑽進去找人。結果發現她盤坐在紫色花叢裡打坐,說此處美如仙境讓人忍不住驚叫。沒錯!拉歌美拉島的春天真的遍地野花,但在這裡靈修是不會羽化成仙的,我們趕緊將 Jing 勸上車。

2點 26 分第七站,接近國王峽谷(Valle Gran Rey)時讓一位迷路的德國人搭便車。他和女兒過來拉歌美拉島度假,但女兒喜歡在海邊作日光浴,他則裝備齊全到山裡健走,結果迷路了,我們順道將他送回村裡去。只要遇到陌生人,老頑童 Vincent 就喜歡大作文章地指著 Jing 和我說:「那兩個傢伙,一個從中國來,一個從台灣來,兩個是敵對的!」德國佬立刻驚訝地問:「他們怎麼可能在一起,難道不會……(打架)」還猶豫著,不知再說下去是否禮貌時,Vincent 就大笑了。老頑童最得意的事就是帶著我們兩個「敵人」一起旅行,只要有機會就向別人炫耀,彷彿他的功蹟可以獲頒一座諾貝爾和平獎似的。後來德國人得知 Vincent 來自比利時後,便開始關心他們的無政府狀態。2010 年比利時大選沒有任何政黨取

英國海灘 (Playa del Ingles) 旁的高聳岩山。

得過半席次，只能籌組聯合政府，雖然國王設法協調卻徒勞無功。2011 年 1 月才打破荷蘭 1977 年寫下的西歐國家 215 天的無政府紀錄，2 月 17 日又超越伊拉克保持的 248 天世界紀錄，成為史上最久的無政府國家。我想 Vincent 可能已經回答過千百次了，但還是不厭其煩地解釋，其實只是新政府還沒選出來，但舊政府一直在運作，所以不是媒體說的那種「無政府狀態」啦！

3 點 5 分第八站，停在「起司彎道眺望台」(Mirador Curva del Queso) 俯瞰雄偉的國王峽谷。Jing 在車內小憩，Vincent 則專心閱覽景點解說牌，原來這裡是稀有的拉歌美拉巨蜥棲息之處。而我則對著山谷那頭用力吹著口哨並告訴 Vincent 這就是口哨語言，他只是冷冷地回答：「你的口音太重，對方聽不懂！」

3 點 36 分第九站，終於來到國王峽谷盡頭的行政中心拉可列拉 (La Calera)，沿海計有五處海灘可游泳，我們先開車到最北的英國海灘 (Playa del Ingles)，這裡遠離市區，遊客應該較少。果然清靜舒坦，嶙峋巨石間細沙環繞是個戲水的好地方，只是屬於天體泳區，我們決定換個游起來較不尷尬的沙灘。

3 點 47 分第十站，移到市區的國王峽谷沙灘 (Playa del Valle Gran Rey)，

國土峽谷沙灘 (Playa del Valle Gran Rey) 旁的小教堂

這裡就是名符其實的人肉沙灘了，只是大多「環肥燕瘦」既不賞心也不悅目。Vincent 及 Jing 決定在此游泳，但我這個每天游泳的人還是決定不下水，想也知道海水極冷。旅遊資料提醒著，11 月至 4 月通常只有觀光客才會去海邊戲水，當地人都知道即使天氣炎熱但海水仍冰冷無比，因為這裡是加納利寒流活動的範圍。果然我坐在碼頭喝汽水配杏仁果時，就遠遠望見半身浸在海中的 Vincent 一直喊著要 Jing 下來，但她只走到深及膝蓋處就抵死不前進了，還一直抱著身體作發抖狀，看得我哈哈大笑。之後我就在碼頭悠閒亂逛，買了旅遊書、明信片及一隻鐵蜥蜴。5 點鐘才回到沙灘和兩只「人形魚乾」會合，他們正躺著作日光浴。

緣起性空

　　5 點 20 分沿原路而歸，這處著名的沙灘沒什麼值得留戀，所以歸心似箭。如何穿越魔法森林我已沒印象了，因為睡得像頭牛似的。只知 6 點 12 分忽然停車，被叫醒一起「坐看雲起時」，因為外頭氤氳彌漫猶如仙境，但不是那種乾冰製造

的薄弱霧氣，而是強風下雲層躍動的風雲詭譎。「陽光」、「雲霧」、「強風」三股大自然的力量在此相互牽制著，霧稀陽光便強，反之光線則弱，而雲霧之稀薄又隨風轉換，所以陰晴瞬變。在這種武俠片才見得到的飄渺時空裡我拍了一張「巨柱擎天」的佳作，遞給 Jing 看時，她曖昧地笑說非常「不雅」。拜託！這張相片可是佛教「緣起性空」的最佳詮釋呢！佛家主張萬有諸法皆由因緣聚合而成，一切隨緣生而生，隨緣滅而滅，並無常住獨立的自性（實體），故曰性空。而相片裡那只頑石要歷經千萬年才得以溶蝕成柱狀，而且也要「陽光」、「雲霧」、「強風」三大因素同時牽制成那樣的拍攝條件，我也剛好千里迢迢來到此地按下快門，才能產生這樣一張「隨緣而生」的曠世佳作。

　　如此精闢的分析怎沒人理我？這兩個沒有慧根的傢伙竟然上車準備離去了！

兔子晚餐與口哨

　　6 點 36 分回來，先舒服地沖個澡再備份今天拍攝的相片。已飢腸轆轆了，7

點半趕緊會合吃晚餐去也。原本要大啖羊肉以報復山羊「踢石下山」攻擊我們之事，但豐盛的自助餐卻沒有羊肉，Vincent 只好吃兔肉代替，但我和 Jing 一點都不想跟進。Vincent 譏諷我連兔肉都不敢吃，哪像男人！我則建議 Vincent 去肯亞旅行，那裡什麼肉都吃得到，連生菜沙拉都拌著鱷魚肉。

9 點鐘度假村有免費的「口哨語言」表演，當然不能錯過！演出時主持人會向觀眾徵求問題，請演出者用口哨把問題吹給另一位演出者聽，再由接聽者以英文揭曉答案，當然每次都博得觀眾熱烈的掌聲。這種約 1500 年前由原住民「灣契人」（Guanches）所發展出來的語言真的很神奇，連三毛都在〈逍遙七島遊〉裡詳述在廣場上聆聽居民用哨語交談的情形。

10 點鐘表演結束後，我們就各自回房，得打包行李，明天要搭船回到丹納麗芙島，預計在兩千多公尺的火山公園裡住四天，高山症及酷寒將是一大考驗。不過 Jing 也接獲通知，後天清晨 7 點就得搭機回布魯塞爾，所以往後的行程只剩我和 Vincent。哎！諸法皆由因緣聚合而成，一切隨緣生而生，隨緣滅而滅，就珍惜當下吧！晚安，拉歌美拉島的最後一夜。

荒山之夜

4月13日 星期三

裸體早餐

　　這是和 Jing 在加納利群島共進的最後早餐，明天凌晨 4 點就得送她去機場，所以不理會 Vincent，兩人兀自用中文聊了許多宗教問題。Jing 一直想去台灣進行宗教研究，因此期待早日開放陸客自由行。後來又聊到證嚴法師「一日不作，一日不食」及聖嚴法師生前交待「勿撿堅固子，全部骨灰植葬」等令人敬佩的宗教家胸襟。此時 Vincent 剛好取餐回來，我就請 Jing 用法文向他解釋，何謂舍利子（即聖嚴法師謙稱的「堅固子」），而我就去拿些蘑菇及青花菜了。

　　等我回來，Vincent 立刻抱怨：「你們兩個非得聊佛教、禪宗這種很嚴肅的話題嗎？」然後轉頭安慰我：「Jing 要去北京了，接下來剩我們兩個。放心！我絕對不會強迫你聊這麼無聊的東西。」

　　「是啊！你只喜歡聊裸體和性愛。」我揶揄著。

　　Vincent 很不服氣：「台灣人就是不是喜歡性愛，所以出生率才那麼低。」

　　「那是因為台灣經濟能力提升，人們著重生活享受，自然不想養兒育女。」

　　「是嗎？」Vincent 暗指隔壁那桌富裕的英國夫婦說：「他們不就生了四個小孩！」說完我們三個都相偕而笑，因為那桌英國人每天早餐都固定坐在我們隔壁，四個小孩吵死人了，Vincent 還幫那個媽媽取了個封號叫「英國女皇」，Jing 故意強調是大英帝國的女皇。哈哈！連 Vincent 都知道要曖昧地把「英」和「帝」連在一起唸！

　　哎！我們本來在淺談宗教，Vincent 一出現，話題立刻變成裸體和性愛了。

松林·雲海·荒山

　　雖然渡輪下午 1 點 30 分才開，從南部的聖地牙哥到東部的聖塞巴斯提安車程只需半小時，但還是希望早點出發，因為 Vincent 中途會隨意停車閒晃，若不預留時間，到時恐怕又得趕得半死。不過最後仍拖到 12 點才出發，途中又開到 TF-713 公路的拉拉哈眺望台（Mirador de La Laja）觀看山頂的雲瀑，結果到碼頭已經 1 點多了，匆忙寄放行李就趕緊登船。啟航後我守在船尾看著遠離的拉歌美拉島，直到港口逐漸模糊才百般不捨進到船艙。沒想到 Vincent 及 Jing 早已在裡頭

享用午餐了，喊著要我一起過去吃，但我還是覺得午睡比午餐還重要，找個座位就呼呼大睡了。

　　2點12分抵達丹納麗芙島的基督城，下船再搭巴士到機場時已經3點鐘了，要在這裡租車然後前往兩千多公尺的荻伊笛火山國家公園（Parque Nacional del Teide）。

　　上車後，Vincent先用GPS（衛星導航系統）尋找前往國家公園的路，此時我們位於島嶼最南端，但儀器測出的快速路線是沿著東部的TF-1號高速公路開到島嶼北端，再往南折到位於中央山脈的國家公園。但Vincent天生反骨，寧願借道鄉間小路慢⋯⋯慢⋯⋯觀察當地居民的生活也不走高速公路，所以決定從南側的山路慢慢攀爬到國家公園。車子發動後，Jing就接到從比利時打來的電話了，公司通知她去北京的行程延後一天，所以明天還能留在這裡，瞬間Jing在車裡拚命狂叫，慶祝這突如其來的好消息。

　　接著開始沿著TF-64號公路穿梭於許多不知名的小村落之間，慢慢往國家公園方向前進。4點29分停在維拉佛羅（Vilaflro）村裡的小餐館吃三明治，我趁機溜到附近的柳橙果園閒晃，而路邊的野花則開得極其狂傲豔麗。不久餐館竟然冒出一位年輕中國人，點了小酒獨自輕啜，Vincent還過去向他道聲「你好」。此時我們才反應過來，這裡是觀光勝地丹納麗芙島，而不是那座被時間遺忘的拉歌美拉島，所以幾乎每個城鎮都有中國餐廳，當然也到處有移民而來的中國同胞，住久了也學西班牙人休息時找個酒館喝喝小酒。

　　餐後就沿著TF-21號公路行駛，5點16分穿越松樹森林來到荻伊笛火山國家公園，繼續潛行在雲層裡不斷往上攀爬，不久就置身雲海之上了。5點36分來到烏干卡平原（Liano de Ucanca）的步道入口，四周已幻變為火山荒原。剛好Vincent發現他的相機記憶卡故障（和火山磁場不合嗎？）立刻停車取出筆電在路旁搶救，我和Jing就趁機漫步到荒原裡並大聲唱著〈橄欖樹〉。Jing說置身這片淨土般的高山祕境讓她很想打坐，但我建議應該學三毛那樣在沙漠尋找化石，於是我們便扮演起三毛及荷西，而且真的找到一具動物骨骸。直到6點半Vincent才將我們喚回，他整整搞了一小時還是無法救回記憶卡裡的相片（可能有魔咒？）繼續出發吧！仍沿著TF-21號公路往北尋找我們的旅館，Parador de Canadas del Teide。

　　6 點 58 分來到白山（Montana Blanca）附近的叉路口，三個人都興奮地下車觀看雲海。之後仍持續往北，7 點半起慢慢穿越雲層曲折而下，最後竟駛進村落裡了。Vincent 覺得不對勁，這家 Parador 是荻伊笛火山國家公園唯一的旅館，應該不會在村落裡！

　　8 點 8 分來到 GPS 顯示的目的地拉歐羅塔瓦（La Orotava），趕快停車讓 Jing 下去問路。結果對方回答，我們得往回走，至少還有四十幾公里山路，但天黑後不宜趕路。這樣的答案頗令人震驚，但這明明 GPS 標示的終點啊！只好再往前請教加油站的員工，但答案仍相同，不過此時已夜幕低垂，要穿越森林回到火山荒原去真的有點危險。Vincent 乾脆直接打電話向 Parador 旅館求救，對方用生澀英文說了半天還是請我們往回走，旅館就位於我們曾路過的某個荒野處，於是 8 點 46 分就調頭朝火山方向駛回。

　　首先來到松樹森林，除了漆黑的濃霧之外沒路燈也沒任何來車，國家公園裡根本沒其他旅館，晚上 9 點多了當然沒什麼車輛。終於穿越雲海裡的黑森林，回到白山附近的叉路口，我們下車試著尋找指標或地圖但卻徒勞無功，只覺夜涼如冰、

寒氣逼人。接下來是火山礫石區，嶙峋巨石像黑山魔怪在暗夜裡舞魅著，心情更加忐忑了。繼續深入荒原時剛好遇到一輛遊覽車，猶如汪洋裡的燈塔般帶來無限希望，立刻停車請教司機 Parador 旅館的方位。「再往前約五公里，左側路邊就能看見燈光了。」Vincent 興奮地回來報告好消息。但繼續盤繞岩山七、八公里後，仍是一片茫然的漆黑，又逐漸徬徨不安了。沉默中，Vincent 忽然開口：「會不會油料燒盡，夜困荒原裡？」沒人回應，和死寂的大地一樣三個人都沉默著。此時倒是看見遠方有微亮光線，趕緊加速前往，後來發現只是一輛汽車，會車時對方連停也沒停根本無法問路。這場黑暗中的擦身而過似乎帶給我們不少打擊，因為那盞車燈可能是今晚最後一道文明。你能想像黑夜裡在遼闊的火山礫石荒原開車是什麼感覺嗎？雖沒任何光線卻能隱約感受黑色山火如巨獸般纏繞起伏，冰冷的大地則無聲無息沉睡著，車子若故障，被發現也是天亮以後的事了，但夜裡氣溫可能降到攝氏零度。

　　就這樣開著，也不知旅館到底藏匿在哪個黑暗角落，甚至不知行進的方向到底對不對？再亂繞可能真的會油料耗盡，不過除了繼續尋找之外也沒更好的辦法，

現在連手機都不通了。不知又行駛多久，才在左側遠處發現有盞小燈，雖非司機所說的位於路旁，但卻是唯一希望，至少可找人問路。於是開進小路往燈光處移去，沒想到正是我們遍尋不著的 Parador 旅館，三個人皆興奮大叫！

　　後來才知道，這裡距離下午 Vincent 記憶卡壞掉的地方很近，我們曾在那裡滯留一個小時呢（果然是魔咒）！但為了不破壞火山景觀，這間 Parador 全部用褐色設計，從遠處根本看不出岩石裡有建築物。辦理住房手續時，Vincent 特別請教對方是不是旅行社給的住址錯了，GPS 才會引導我們到北部的拉歐羅塔瓦。對方的解釋是國家公園內根本沒有地址，旅行社只列了管轄地所在，所以 GPS 就引導我們到遙遠的拉歐羅塔瓦去了。聽完我們當場楞住，根本是「莊孝維」！不過 Vincent 雙手一攤，聳著肩說：「反正我們到了。」但已經 10 點多了，不知餐廳能否提供些糧食讓我們果腹，三個人都快餓死了。餐廳雖已打烊，倒是特別請吧檯幫我們準備三明治，真令人感動。

　　終於安頓下來，我們就坐在吧檯前邊吃邊聊天。此時 Vincent 及 Jing 才向我解釋 Parador 這種連鎖旅館在西班牙的特殊經營形式，因為是國營單位所以

能接收一些山巔海角的古老建築（如修道院、城堡等）再改建成旅社，所以總會讓人驚喜萬分，像在荻伊笛火山國家公園也只有 Parador 能蓋旅社。

幸福的荒山夜

之後 Jing 向櫃台借電腦，上網查詢她回布魯塞爾的機票資料是否已寄達。而 Vincent 則拉著我到外頭去，那裡有座超大型望遠鏡能觀測星象，但室外溫度只有攝氏六度，沒待多久我就趕快躲進屋裡了。約好明天的早餐時間後，就各自回房了。

真是難忘的一天，從樂園般的拉歌美拉島飄洋過海來到雲海之上的荻伊笛火山國家公園，這種經驗已夠奇特了，更別說那段摸黑找路的坎坷過程，所以躺在床上倍覺舒坦，有個窩身之處真好。此時荒原裡可能還鬼影幢幢，讓我想起穆索斯基（Mussorgsky）的交響詩《荒山之夜》，群魔正聚在荒山上嬉鬧狂舞，可能連荒原的動物骨骸都復活了……而我只須躲在被窩裡安眠，真是幸福。晚安！

松林低語

4月14日 星期四

　　荻伊笛火山國家公園位於海拔兩千多公尺的高山上，所以入睡前便有輕微的高山症反應，還好並不嚴重，只是半夜醒來口乾舌燥，喝了很多水才舒服些。趕快繼續睡！在這群魔亂舞的荒山裡，不知還會有什麼身體不適的狀況發生？

　　7點半醒來，裹著厚厚一身衣物就興奮地到礫石荒原去逛了。終於看清楚這間Parador有多得天獨厚，就位於3718公尺的荻伊笛火山下，抬頭就能望見那只造型完美的錐形山峰及潔白的積雪。我在火山下散步，那種赭紅及灰黑的礫土有種奇幻的美感，分布其間的植物雖堅忍著一種橄欖色的生機，但還是枯枝殘株多過於存活的。日出前溫度極低，拍完相片都得把手放進口袋取暖，否則會凍僵。但太陽升起後，荒原便染上一層鮮豔的橘紅，色彩炫麗到令人迷惘。不過那種神奇的色調會隨太陽逐漸升高而淡化，最後變成尋常的白色光線，所以除非你留宿在國家公園裡，否則等到一般觀光客上山時光線都已平淡無奇了。想到這裡就很感謝Vincent，安排我們住在國家公園裡每天享受大地神奇的光影變化。

　　9點半用餐，Vincent及Jing仍選擇陽光直射的座位，我則盡量背向陽光。

他們很好奇為何我那麼排斥日晒，還曉以大義地說，布魯塞爾常年陰霾，有無數居民因沒機會晒太陽而缺乏維他命 D。我解釋也沒用，生長在亞熱帶的高雄，大家都在防晒，實在不懂為何還要「火上加火」在火山上晒太陽？這種生活差異就是和老外一起旅行最大的障礙，要學著彼此配合才能玩得愉快。

在火山上還能吃到這種早餐，

真是幸福。

荒原及松林

　　我們休息到 11 點鐘才出門，上車前，我在 Parador 旅館隔壁的遊客中心買了 3 瓶礦泉水及 2 瓶百事可樂，居然要價 11 歐元（約 450 台幣），真是搶錢啊！按計畫原本要搭纜車前往 3718 公尺的荻伊笛火山頂，來到現場才發現排隊的人潮太多了，當機立斷決定放棄。於是改為沿著 TF-21 號公路往南，再接 TF-38 號公路到國家公園西邊去。

　　12 點 25 分來到國家公園西南側的奇歐瞭望台（Mirador de Chio），只見一片紅色火山荒原，我和 Vincent 便好奇地涉步前往碎石岩區探險，留下 Jing 在車內休息，她的高山症仍隱然纏身，半小時後才回來。在火山礫原觀察各種彩石真是世上最快樂的事。

　　下午 1 點鐘逐漸往西離開國家公園，流動在車窗外的已不再是詭譎的黑灰火山，而是一座野花遍地的松樹森林，美得像幅純淨無瑕的工筆油畫，筆觸帶著些梵谷在南法阿爾（Arles）的躍動鮮黃及高更（Paul Gauguin）在大溪地的沉靜暗綠。

下車不久，Vicent 忍不住去把窩在車裡養病的 Jing 叫出來，要她千萬別錯過這樣的絕世美景。

香蒜明蝦

　　半小時後又繼續上路，曲折迴繞而下往附近的村落前進，因為海拔已降到 1000 公尺以下，Jing 的高山症「立刻」不藥而癒。接著轉往 TF-82 號公路來到西部重鎮幾亞迪依索拉（Guia de Isora），進城前看到一家 Bodegon 餐廳，因為在路旁豎著一只逗趣的人形廚師，Vincent 覺得好玩，也沒徵詢我們就直接停車大喊：「午餐時間！」三人就下車了。

　　小餐館位於山坡上，遠眺前面的幾亞迪依索拉市區，花木扶疏停車場又大，戶外撐了幾張海灘傘罩著下面的餐桌椅，屋裡裝飾不少古董家具及舊海報，看起來還真像古老的西班牙鄉村餐廳。裡頭只有一對德國老夫婦安靜地用餐，不久老闆便出來招呼了，是位熱情的西班牙佬，明明英文不流利但就是有辦法和我們溝

這是我的香蒜明蝦

難過的加納利群島

令人難忘的

加納利群島蜂蜜蘭姆酒

加納利群島特有的鹽烤小馬鈴薯

點任何餐點都會附上一小盤

非常好吃

三種不同口味的西班牙香腸

紅通通的背景部分

就是炸藥辣椒醬

通得笑語不斷。

Jing 和我都點了香蒜明蝦，而肉食性的 Vincent 則要了一大盤綜合香腸，看我皺著眉頭，Jing 才用中文告訴我西班牙香腸可是世界有名的！老闆旋著華爾滋的舞步送來麵包時，店裡的貓咪立刻圍過來索食，老闆急著驅趕，但愛貓如癡的 Jing 立刻請他讓貓留下。於是我們就和黑貓及白貓一起用餐了，而餐廳則提供紅醬及白醬讓我們塗麵包，Vincent 盛讚口味道地，比大餐廳裡的制式醬料好太多了。反正他已來過西班牙無數次，對這裡的飲食文化瞭若指掌，我樂於分享他的經驗。後來風趣好客的老闆又遞來一大瓶半透明的紅色醬料並稱其為「炸藥」，是他老婆親自調製的辣椒醬，要我們小心食用，「超辣、超辣、超辣……」邊講還邊像乩童般搖著頭。這下子我可樂了，這幾天都沒辣椒可吃，於是把麵包塗得紅通通地銷魂猛啃，害 Vincent 和 Jing 嚇得半死。主菜上來了，那明蝦真是鮮美帶勁，西班牙海鮮果然名不虛傳。倒是那一大盤香腸，儘管他們倆都讚不絕口，但我還是覺得全世界最好吃的香腸在台灣，而且得配著蒜頭吃才過癮。

那對德國夫婦離開後，老闆乾脆過來和我們聊天，果然是個天生樂觀的西班牙佬，語言不通還能聊得賓主盡歡。可能太喜歡我們了，還拿出一瓶當地生產的蜂蜜蘭姆酒（Artemi honey rum）招待我們。從不喝酒的我，看在「加納利生產」的份上還是淺嘗幾口。

記得五百年前加納利群島掀起的甘蔗熱潮嗎？當時西班牙人開始在此種植甘蔗以製糖造酒供銷英國，因為煉糖廠需要大量燃料，於是把島上的森林砍伐殆盡。而這種蜂蜜蘭姆酒的瓶身還印製著甘蔗的圖案，所以很想知道到底好喝到什麼程度，竟能傾國傾城地滅絕了整座森林？輕啜一口後果然香甜甘醇，於是告訴 Vincent 想買一瓶帶回去和家人分享。Vincent 笑著把老闆喊過來：「這位台灣來的傢伙，從不喝酒，逼他喝比利時白啤酒幾年來從來沒成功過，居然愛上你們的蜂蜜蘭姆酒了，請問哪裡買得到？」西班牙佬聽完可開心了，直說前面市區的超商就有，還熱心留下手機號碼，萬一買不到就打電話給他。

蜂蜜蘭姆酒

下午 4 點 28 分，我們依指示來到幾亞迪依索拉找超商買蜂蜜蘭姆酒，很幸運

地才進城就看到一家規模不小的超市，裡頭還有餐廳及小酒吧。我一進去就把剛拍攝的酒顯示給那位矮矮肥肥像媽媽一樣的女店員看，她也是那種雞婆成性的人，笑著和我扯了一堆西班牙文後立刻帶我去看酒。沒想到那麼順利就找到，於是買了一瓶酒加上三大瓶礦泉水。找錢給我時，那位可愛的店員忽然說了一聲「你好」，我和 Jing 都很興奮，回車上立刻告訴 Vincent 那位店員會說中文耶！

下午 4 點 53 分來到幾亞迪依索拉的教堂廣場閒逛，5 點 18 分才出發去海邊。半小時不到就從 TF-454 號公路來到西海岸的大懸崖（Acantilado de Los Gigantes），沿著迂迴的道路鑽到最貼近崖邊的松樹街（Calle El Pino），三個人才下車觀看懸崖。這條松樹街很像三毛在大加納利島的家，街道沿著斜坡下降，每間房屋都參差相連，而且都能望見大海，都能享受海風。等我描述完，Jing 好奇問我怎麼知道的，我說在三毛《我的靈魂騎在紙背上》的書裡有相片，然後兩人不自覺懷念起三毛，連袂唱著她寫的那首〈夢田〉，每個人心裡一畝一畝田，每個人心裡一個一個夢……

6 點鐘開始沿原路而回，到幾亞迪依索拉時，Vincent 問我要不要再去向超市那位會說中文的女店員打聲招呼，說不定她的中文是「散貓」教的。提到「三

毛」時 Vincent 一定用中文，但發音從來沒準確過。我說不用了，不想把此時的情緒打亂，繼續哼唱我的〈夢田〉。倒是 Jing 告訴 Vincent 了，三毛住在丹納麗芙島時，那位女店員根本還沒出生！

6 點 37 分回到那片美如油畫的松樹森林，我請 Vincent 讓我下車，想獨自到森林裡散步，他就坐在車旁的花叢裡閱讀，而 Jing 的高山症又恢復了，只好躺在車裡休息。我在野花遍地的松林裡待了將近一小時，不見任何人影，只有我的相機及歌聲。哎！每天數以千計的觀光客來到國家公園，居然沒人知道有這片美如畫境的松樹森林！

8 點 15 分回到旅館，他們先進去，我留在外面等待落日。

明天 Jing 就要回布魯塞爾了，凌晨 4 點半會送她去搭機，很難想像明天此時她已經飛往北京了。晚餐我沒去吃，後來才知他們也沒去，Jing 的高山症很嚴重，回房就睡了。

明天要早起，出門時溫度可能只有攝氏兩、三度！要早點睡養足精神，不然會累跨。晚安！這美麗又傷感的一天，想到三毛，也想到 Jing 的即將離去⋯⋯

蜜 蜂 情 人

4 月 15 日　星期五

清晨的伊達歐各岬角 (Punta del Hidalgo)

　　凌晨 4 點 10 分起床,要送 Jing 去北邊的北丹納麗芙機場(Aeropuerto de Tenerife Norte)搭機,車程約一小時。若以相對位置來比喻,有點像從台灣的嘉義到桃園。而她是 7 點的班機,先飛到西班牙馬德里再轉機,算是國內航線,只要一小時前(6 點鐘)到達機場即可。但還是提早出發,Jing 有公務在身,絕不能錯過班機。

　　4 點半出發,溫度攝氏 6.2 度,荒蕪的國家公園被月光照得猶如月球表面,但真正的月亮卻又高掛在天上。空氣則沁涼無比,聞起來有種岩石的砂土味。汽車發動後才劃破周遭寂靜,但我們都沉默,安分地接受這樣的星夜離別。

　　上路後車燈的兩道光線遊移在荒原裡,像兩根發亮的象牙筷子飛行在曲折的道路上。原本安睡在灌木叢裡的野兔見著燈光都沒命地奔逃,在車燈照射下彷若虛幻的發光體,平添不少科幻氣氛。看到野兔時,Jing 用法文不斷叫著「lapin」,我也跟著複誦,趁機把這個法文單字學下來,因此車裡又開始有了交談聲。

　　Jing 會先飛到馬德里再轉機回布魯塞爾,一個小時後立刻跟著公司搭乘私人噴射客機前往北京,中間會在俄羅斯停留休息。飛抵北京就準備開會,許多重要人物都會出席,全場就靠 Jing 翻譯。所以 Vincent 就好奇問著,會不會 Jing 的情緒仍滯留在加納利群島,會議中忽然恍惚哼起我們在拉歌美拉島沿路歡唱的那

伊達歐各岬角三座暗灰偏藍的漸層山脈

首〈草泥馬之歌〉？光聽這個假設，我們就爆笑不已。在這裡亂唱倒無所謂，但在北京大家都聽得懂，後果真的會……粉慘！

　　當初決定要來加納利群島時，Jing 還沒和 Franco Dragone 娛樂集團簽約，後來是因這次演出亟需翻譯及熟悉中國文化的人，才以專案的方式請 Jing 幫忙（她的本職還是大學教師）。所以現在 Jing 才得緊急和整個團隊飛去北京洽談簽約事宜，我們雖不捨，還是歡喜送她到機場。

　　出了國家公園後，就沿著 TF-21 號公路往北來到拉歐羅塔瓦（La Orotava），這裡就是前天我們迷路時停車問路之處。再次蒞臨倒不會讓我想起那場夢魘般的荒山之夜，不過這裡有條長達一、兩公里的險降坡陡巷，上次就被 GPS 引導到那裡像雲霄飛車般俯衝，嚇到手腳都發麻，希望今早的 GPS 別再重蹈覆轍了。但說時遲那時快，Vincent 又彎進那條陡巷了，並拚命剎車弄到車輪不斷冒煙。Jing 一直用法文叫喊，Vincent 則不悅地回應，我趕緊打開車窗讓冷空氣沖淡煙味，最後終於有驚無險降落到平地，三個人劫後餘生似地沉默不語。

　　之後就隨著 TF-5 號高速公路平穩地前進，5 點 35 分來到機場。但旅客卻像難民般等在外頭，機場一片漆黑，要 6 點鐘才開門。哇靠！真是「草泥馬」，害我們趕路趕得差點火燒車。接著我們也變成難民，和大家一樣守在門外，冷到發抖

山巔上的恰莫迦（Chamorga）
有座奇特的樹木隧道

地等待機場開門。

等 Jing 的劃位手續辦好後，我們仍遵循 Vincent 的習慣，在機場找地方坐下來悠閒喝飲料，於是他們一個咖啡一個茶，配著牛角麵包止飢。但我只想吃鹹的東西，例如餛飩湯或蘿蔔糕，所以什麼都沒吃。之後就目送 Jing 揹著背包瀟灑地往登機門而去，雖然萬般不捨，但小女孩已長大能獨當一面了，當初認識她時還在讀大三呢！真是時光匆匆……

羽化

既然已來到丹納麗芙島北邊了，所以趁機把整個東北角逛一圈。Vincent 先將 GPS 設定為最北端的伊達歐各岬角，然後沿 TF-16 號公路朝北前進。7 點 26 分來到這個極北端的岬角，站在堤岸上遠眺東邊三座暗灰偏藍的漸層山脈，我非常迷戀這種極端的地理點，總是有種前無古人的壯闊感。再過去已經沒路，決定繞回來跨越山脈往東北角走，依 Vincent 的個性，寧願胡亂開車探尋不知名的村落，也不肯依照旅遊書介紹的景點去和觀光客人擠人。於是又折回迪荷納（Tejina），轉向 TF-13 號公路往山區攀爬，不久便迴繞在雲霧迷漫的崇山峻嶺間。Vincent 依然不改嗜好探險的本性，經常朝不知名的山徑勇闖而去，然後發現一些可能連當地居

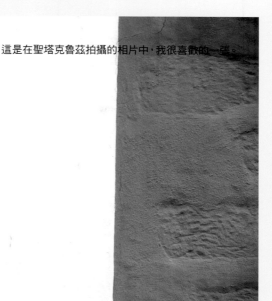

這是在聖塔克魯茲拍攝的相片中,我很喜歡的一張。

民都不熟悉的窮鄉僻壤。就這樣在雲霧裡游盪,最後順著人煙稀少的 TF-123 號公路來到山巔上的恰莫迦(Chamorga),好個「行到山窮處,坐看雲起時」。這裡沒居民,只有一座眺望台讓登山客尋幽望遠,但寒風凜冽、雲霧翻騰,頗有羽化登仙、御風而行的暢快感。

聖塔克魯茲

之後順著背脊上的山路南下,轉接 TF-12 號公路來到東海岸,再從濱海公路抵達丹納麗芙島的首府聖塔克魯茲(Santa Cruz de Tenerife),時間是 10 點 27 分。在這個熱鬧的城市我們並不想久留,唯一任務是讓我吃早餐,而 Vincent 則要上網,最簡單的方式便是去麥當勞!這個決定對 Vincent 來說相當痛苦,因為他畢生痛恨麥當勞,若不是可免費上網,要逼他去哪裡簡直要他的命。不只是 Vincent,在歐洲,年齡稍大或中上階層者,大多對象徵美國文化的麥當勞頗為不屑,偏偏年輕人卻很捧場,所以到處可見鮮黃色的「M」字招牌。當然我是個喜歡麥當勞的人,方便又快速,偶爾食之也不錯!反正 Vincent 得上網處理事情,所以利用 GPS 找到麥當勞了。耶!我正暗自歡呼著……結果,他們 11 點才營業!西班牙人真夠懶,連麥當勞都 11 點才營業。我和 Vincent 只好四處亂逛,但對這種

大都市，兩人都興致缺缺，乾脆坐在麥當勞門口等待開門。

最後，終於各點一份「1955 漢堡套餐」快樂地享用著，至少我很快樂。

好吧！我要介紹美食了。因為麥當勞創立於 1955 年，所以 2010 年的德國麥當勞便推出這種復古風的「1955 漢堡」，內有牛肉、萵苣、洋蔥、培根、番茄醬及 BBQ 醬，大受歡迎後，許多歐洲國家紛紛跟進。平常和 Vincent 吃早餐總是悠閒又優雅，因為他們很講究飲食文化。但此時 Vincent 絞盡腦汁告誡我吃漢堡暴斃的風險，還有漢堡在常溫下不會腐壞的實驗，試圖斬斷我和麥當勞之間的孽緣。但出國旅行我還是得依賴麥當勞啊，不然食量這麼大，在歐洲隨便吃一餐就要台幣千把塊，怎活得下去？反正等 Vincent 上網把信件處理完，我們就火速離開麥當勞，也準備火速離開聖塔克魯茲，還是回到國家公園比較自在。

正要從 TF-5 號公路離開時，我忽然請 Vincent 停車，讓我多看幾眼這個人口二十餘萬的繁榮城市。於是他把車子停在路旁，讓我去教堂廣場（Plaza de la Iglesia）晃一圈，20 分鐘後才滿足地回來，說不上有什麼吸引人之處，但還是很高興到此一遊。

大地彩繪

接著要從東北邊回到火山國家公園，因為南、北、西三邊都走過了，想換個方向欣賞不同的風景，於是順著 TF-24 號公路攀升而歸。其實我只希望趕快回旅社，很睏了想回去補眠。但進入國家公園後便發現景色秀麗無比，不管是覆蓋於紅土上的灌木林或積雪的荻伊笛火山，都異常雄偉壯觀，所以屢屢停車觀賞。1 點 48 分來到一處斷層土坡後，就滯留其間捨不得離去了。這一層又一層色澤各異的岩層，乃億萬年來一次又一次岩漿噴發所形成，三種主要顏色的形成過程如下：

白色：主要是由質輕多孔的浮石（pumice）所形成。

黑色：成分是玄武岩（basalt），噴發時混合了微量氣體所以色澤偏暗。

淡紅：成分也是玄武岩，只是被地下水氧化形成這種生鏽的顏色。

據說每層都歷經數百年才能形成，以我不專業的方式隨便計算都有十餘層，所以這種大地彩繪還是上帝存在的證據，佇立其間，頗覺自己渺小卑微。

離開前我告訴 Vincent，車裡飛進一隻蜜蜂，得開啟車窗讓牠飛出去。Vincent 笑說：「你確定這隻肥蜜蜂飛得出去嗎？」於是我立刻假裝肥蜜蜂飛行的

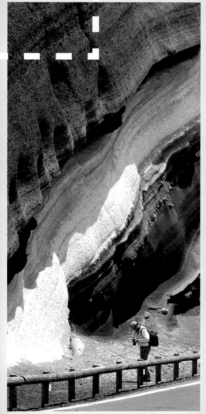

聲音,把 Vincent 逗得哈哈大笑。

　　2 點 32 分終於回到山上的礫土荒原,我眼皮已很重,睏得快陷入睡眠狀態,沒想到 Vincent 還興致勃勃地說要前往觀測站眺望遼遠的八荒九垓,於是我們便遠征禁地,直到被看守的衛兵攔下來,才下車「觀測」那幾座很像幽浮的白色觀測站。

　　真正回到旅館時已經下午 3 點半了,告訴 Vincent 我不行了,得快快補眠去也,5 點半再出門。於是迅速解掉身上那些厚重衣物,鑽進棉被裡呼呼大睡。不知睡了多久,忽然發現左臂腋下有「不明生物」爬行著,但確定不是蟑螂,若是蟑螂倒還無所謂,雖噁心但不會傷人。於是毛骨悚然地用右手伸過去觸摸,再慢慢地把那團毛茸茸的東西移到眼前。哇靠!竟是一隻活生生的蜜蜂,幸好沒用尾針螫我。將蜜蜂置放棉被上和牠四眼對望許久,牠病懨懨地懶得理我,我猜可能是高山症或山上太冷

用餐時夕陽就是這樣美，
害我頻頻跑到外面拍照。

了！但還是得到戶外才能活命，待在房裡會餓死，於是滿懷祝福，開窗讓牠飛走。
飽受蜜蜂驚嚇之後睡意全無，索性到樓下的室內泳池玩水。對我而言，運動是讓
心情平靜的最好方法。

　　5點半和Vincent碰面後立刻把「與蜜蜂共眠」的離奇事件告訴他，但他堅死
不信。待我把所拍攝的蜜蜂相片遞給他看，才驚訝地笑說：「蜜蜂愛上你了，所
以要和你一起睡。」後來兩人推斷，蜜蜂在斷層處飛進車裡，我們開車窗要讓牠
出去，但車速帶來冷風，蜜蜂就躲到後座的夾克裡避寒。回旅館後我把夾克拿走，
蜜蜂因而跟我回到房間。山上寒冷，蜜蜂就鑽進被窩取暖，進而演出這齣驚悚卻有
趣的蜜蜂情人肥皂劇。此時，Jing剛好傳簡訊過來說即將搭機前往北京，Vincent
迅速向她回報這邊發生的「與蜜蜂共眠」事件。

春日特餐

　　出門後就到附近的火山礫岩走走看看，將近8點才回來用餐。Vincent誇說

Parador 的餐廳水準都很高，要好好享受一頓火山饗宴。結果他點了燉兔肉，這種在火山荒原的灌木叢到處奔竄的兔子果然是名副其實的「火山饗宴」。而我懶得動腦筋，直接點他們提供的當地風味菜「春日特餐」，包括開胃菜黑布丁炒蛋、加納利濃湯、橄欖時蔬燉羊肉、馬姆齊甜酒（malmsey）南瓜派。那道加納利濃湯根本是米粉、匏瓜及紅蘿蔔熬煮成的雜菜湯，味道還好只是稍鹹。開胃小菜極棒，羊肉也不錯，南瓜派算是鄉村口味。

　　Vincent 對這裡的吃住非常滿意，大感不解地說，住在國家公園裡快樂又舒適，不知為何成千上萬的觀光客要擠在濱海的鬧區裡？我也不知原因為何，只是感謝Vincent 安排這麼特殊的行程。切記和朋友一起旅行時，千萬別吝於開口感謝負責安排行程的朋友！

　　一頓晚餐邊吃邊聊三個小時，講了這麼久的英文要用多少單字啊！所以有種精疲力竭的虛脫感，趕快沖個澡就躲到溫暖的被窩裡睡覺了。晚安！野兔與冒煙的輪胎、岬角與山巔、漢堡與羊肉、斷層與觀測站、蜜蜂與游泳……真是精彩又美好的一天。

荻伊笛火山

4月16日 星期六

荻伊笛火山（Teide）

高度 3718 公尺，若從大西洋海底算起則高達 7500 公尺，是西班牙最高的山。

2007 年 6 月 29 日被聯合國教科文組織列為世界遺產。

2007 年當選西班牙 12 大觀光勝地之一（Twelve Treasures of Spain）。

2010 年成為全歐洲最受歡迎的國家公園，每年將近 350 萬觀光客。

就火山類別來說，是外國觀光客第二多的火山，僅次於日本富士山。

屬於休火山（Dormant Volcano），上次爆發是 1909 年。

被聯合國選定為前 20 名 10 年內最可能爆發的火山（Decade Volcanoes）。

看完這些資料，你應該對荻伊笛火山刮目相看了吧！

這就是荻伊笛火山，你看到右邊的纜車及終點站了嗎？

失而復得

今天的預定行程是搭纜車上荻伊笛火山，前天曾試圖搭乘，但因排隊人潮太多而作罷，這裡每年約有 350 萬觀光客，平均每天將近 1 萬人，你想會有多少人搶著搭纜車！因為纜車 9 點鐘就營運，我們住在國家公園裡開車前往只須 5 分鐘，所以 8 點 50 分提早前往肯定不用排隊，這是昨天擬好的妙策。

結果 7 點多就被吵醒，國家公園內舉辦盛大的越野賽跑，起跑點就在我們旅館門口。8 點鳴槍後，花花綠綠的參賽者便迤邐前進，把整片荒原點綴得五彩繽紛，我覺得這些西班牙人根本是來參加服裝展示而不是來運動的。等到光鮮亮麗的選手都出發後，四周才恢復平靜，半小時後我們依計畫開車前往纜車搭乘處，卻發現道路被封鎖了，天啊！

敗興而歸後，兩人只好吃早餐去，而 Jing 也送來簡訊告知已抵達北京。

因為纜車計畫被迫取消，用餐時兩人異常沉默，後來才約略聊到華人繼承姓氏的宗族觀念。Vincent 還不知道傳宗接代時除了傳遞基因之外，也要把姓氏傳下去，所以順便把「姓氏」在華人社會的重要程度舉例向他說明。吃飽後，我們就懶洋洋地不知何去何從，要去搭纜車可能太晚了，早已人潮洶湧。忽然，Vincent 指著遠處的纜車搭乘台說：「上坡處沒停滿車耶！表示人不多，要不要上去碰運氣？」於是二話不說立刻出發。此時雖已 10 點半，但交通管制的路段才陸續開放，觀光客尚未湧入，無需排隊即可搭纜車，所以對這種「失而復得」，兩人皆欣喜若狂。

纜車

以下是荻伊笛火山纜車的基本資料：
搭乘長度 2482 公尺
攀升高度 1199 公尺
起點海拔高度 2356 公尺
終點海拔高度 3555 公尺
搭乘時間 8 至 10 分鐘
纜車容量 35 人

看到這樣的大地景觀，總是讓我非常感動。

　　搭乘時會在十分鐘內迅速上升到 3555 公尺的山頂，要如何克服高山症才是重點。我去過西藏，了解高山症發作時腦殼漲裂、痛不欲生的感受，而拉薩海拔高度 3650 公尺和纜車即將抵達之處差不多，所以隱然畏懼著。

　　隨著高度上升，原本心底還七上八下的，但視野逐漸開闊後，便專注於周遭的地形變化，那種瑰麗的色調讓人看得渾然忘我，銘黃、暗橙、深褐、咖啡、灰藍、橄欖、墨黑、淺灰、棕紅，把大地塗抹得繽紛異常。光這些色彩就已觀望不暇，早忘記空氣稀薄呼吸困難這件事。

　　下纜車後到處覓景拍照，專注攝影後便忽略生理知覺，即使有高山症也被遺忘。宗教上的「觀照」可能也是同樣的道理，一旦靜下心來觀照自我時，生理之痛便自然被忘卻，同時觀照也可讓憤怒、嫉妒、自私、欲望等意念悠然消失，這也是我一直在學習的，沒想到在火山上也能有所體會。

　　山上有兩條步道可走，一條可攻頂，但除了陡坡之外並無特殊景物；另一條則橫向環繞山錐而走，會越過積雪的坡地且沿途奇石無數。對我而言，是否攻頂並不重要，但觀雪賞石卻趨之若鶩，這就是我的個性，浪漫勝過雄心。沒想到

Vincent 和我英雄所見略同，不約而同朝積雪處前去。沿著步道移動時頗能感受西班牙人對環境保護的用心，整條步道皆以火山礫石堆砌而成，完全不破壞自然景觀。雖然每天數千觀光客到訪，沿途卻看不到任何垃圾，除了簡單的標示牌之外，不增建任何人工設施，包括護欄。

　　Vincent 先下山，他要到餐飲區喝咖啡順便上網，我則慢慢滯留了四十分鐘才搭纜車下去和他會合。趁著 Vincent 還在收信，先溜去逛紀念品販賣部，這是國家公園裡僅有的兩家紀念品店之一（另一家在我們旅館旁）。請別懷疑！這麼遼闊的國家公園居然只設立兩處販賣部，其間沒任何攤販，這就是人家經營國家公園的方式，難怪荻伊笛火山會成為全歐洲最受歡迎的國家公園。

　　下午1點多回到旅社，預計休息到5點。太好了，先舒服睡個午覺再去游泳吧！

聖米格爾

　　5點鐘出門，Vincent 說要往南去一個叫聖米格爾（San Miguel）的小鎮，兩人就快樂啟程了。途中他聊了許多1973 年來加納利群島時的往事，當時他正和美國人合作經營公司，經常要搭機往返美國，累積了不少免費機票，於是就利用那些機票來此旅行。原來 Vincent 比三毛還早來加納利群島，難怪他描述的景象甚至比三毛書裡寫的還原始，例如他去蘭沙略得島（Lanzarote）時當地還沒有電，僅依賴碼頭船上的發電機供電讓居民使用，可見當時有多像世外桃源！但說到蘭沙略得島，我也表示當初會很想來加納利群島，除了三毛的作品外，主要還是看了一部在蘭沙略得島拍攝的電影

火山旁的聖米格爾

《愛上美人魚》（Mararia），看完後驚覺世上竟有如此美麗的島嶼，於是萬分期待能到此一遊。

「但這次我們不去蘭沙略得島啊？」Vincent 驚訝地說。

「又沒關係，你已去過了，強迫你再去有點不好意思！」

旅行隨興就好，當初行程全權交由 Vincent 安排，我和 Jing 一點意見都沒有。其實有沒有去蘭沙略得島真的無所謂，我相信每座島都各具特色，都很好玩。而此時我們正穿越翠綠的松樹森林，車子在曲線優美的山路平順行進著，流暢的感覺很像在拍攝汽車廣告。

6 點 52 分來到聖米格爾小鎮，反正也沒什麼目的，Vincent 就在教堂廣場前閱讀他的小說，而我則到處閒晃，順便買了杏仁及可口可樂請 Vincent。此時 Jing 也送來簡訊，說她連開了四個小時的會議，中英法三種語言輪流翻譯，現在整顆腦袋像火山爆發一樣。

聖米格爾小鎮的教堂

宗教與科學

　　8 點半回到旅館就直接去用餐了。荻伊笛火山國家公園內只有這家旅館，入夜後觀光客會瞬間蒸發，整片荒原毫無人煙，唯一的消遣就是晚餐，所以大家都慢慢的吃慢慢的聊。但這種慢活的用餐方式本來就是歐洲人的專長，我第一次在 Vincent 家看他宴請賓客時真是大開眼界！基本上程序如下：

　　19:00~20:30，餐前閒聊，備有點心及小酒。

　　20:30~23:00，正餐。

　　23:00~24:00，飯後甜點。

　　吃一頓餐宴竟要五、六個小時，他們可真會把時間浪費在美好的事物上。不過在這種荒山之夜也沒地方可去，就好好陪 Vincent 耗在餐桌上了。

　　接續早上的話題，Vincent 很好奇中國人竟有「從母姓」這種習俗，在比利時兒女絕對從父姓。於是我先向他解釋「嫁」、「娶」及「入贅」的差異，他們的「結

婚」沒有「女嫁男娶」之分，得讓他先了解何謂入贅，才能進一步解釋「從母姓」的由來。等他弄懂後，終於能理解一位中國朋友的案例：父親入贅，生下的獨生女從母姓，母親又逼女兒招婿入贅以延續姓氏。

接著，堅信科學而從不去教會的 Vincent 居然和我聊起宗教了！令我驚訝的是，他竟讀過聖嚴法師的英文傳記《雪中足跡》（Footprints in the Snow），還侃侃談起當時東初老人以愚弄或責罵方式讓聖嚴法師做些不合理之事，藉以磨練其心志的故事。感謝 Jing 的教化，居然弄那麼多佛書讓 Vincent 閱讀。不過對Vincent 而言，這些書籍只是另一種消遣用的「小說」，因為他完全不相信輪迴，所以東方宗教對他而言都像是「神話」。不過我也聊到我的宗教觀，那種「向外祈求神祇賜予力量」的宗教我不感興趣，但「藉由內在學習而讓心智更澄明」的信仰倒值得探索。也就是說我相信「內在」力量，而非「外在」助力，所以對一些科學驗證的佛法頗感興趣。接著我還提到愛因斯坦曾說：「如果有任何能夠因應現代科學需求的宗教，那可能就是佛教了。」結果 Vincent 搖頭表示，愛因斯

坦說過太多話了，別太相信他，然後開始細數愛因斯坦晚年頻遭挫敗的事例。可能酒喝不少，Vincent 耳朵都紅了，說話語氣也越來越興奮，還好服務生過來提醒要打烊了，才結束這場漫長的閒聊。

不過 Vincent 意猶未盡把我拉到大廳續攤。聲音壓低，深怕說錯話似的，他說關於「科學佛法」，應該是有些僧人來到歐美，接受西方教育也熟悉科學，深知先進國家物質富裕但心靈空虛，所以巧妙地讓科學和佛法結合以吸引西方人。還提到一位知名宗教人士的名字，指稱他即箇中高手。但 Vincent 還是敘述得很含蓄，擔心批評到其他宗教。看他有點醉了，所以藉口要回房打包行李才結束這場馬拉松式的閒聊。不過明天我們是真的要離開這裡搬到南部海邊去，所以得整理行李。

11 點多了，睡前還有一件事要做，把浴缸及洗臉台都盛裝著水，並把毛巾及浴巾浸溼掛起來，順便倒兩杯水放在床前。因為火山太乾燥，半夜起床喝水會影響睡眠，用「水」把房間布置溼潤後應該能舒眠到天明。晚安，火山上的水之夜！明天告別荻伊笛火山後，也不知哪一生哪一世才能再訪了。

南方集中營

4月17日 星期日

西班牙的雨不只下在平原上

　　火山上非常乾燥，基於前夜被「乾」醒的經驗，所以昨晚大動作把房間布置得水淋淋的才舒適安眠而去。結果 8 點起床時，整個人彷彿活在一缸水族箱裡，外頭被罕見的暴雨籠罩，偏偏房裡也濕到猶如水世界，老天真會捉弄人，讓我一睡醒就懷疑自己是不是一尾魚！不過電影《窈窕淑女》（My Fair Lady）那首著名插曲不是唱著「西班牙的雨下在平原上」（The rain in Spain falls in the plain）嗎？怎麼連兩千多公尺的火山上也下大雨了？

　　雖然心情濕漉漉的，但 9 點鐘還是開心去吃早餐。

　　知道 Vincent 喜歡航海，所以告訴他有種特殊的遊輪行程，先從歐洲搭機到香港，再從香港登船航行至上海、北京、東京、首爾等地，船進港後會有巴士接送乘客到上列都市觀光，應該是滿有趣的旅遊方式！沒想到 Vincent 毫不領情地說，滿船可能都是有錢但沒內涵的人，整天聽他們聊豐功偉業，不無聊死才怪？他還是喜歡租車到處逛，深入窮鄉僻壤去觀察當地人的生活。

游過東海岸

　　悠哉用餐到將近 11 點才出發，今天要搬到丹納麗芙島最南端的海邊去住，但走高速公路跨越整座島嶼也只須一小時，所以慢慢來就好。退房時，櫃台小姐告知全島皆被大雨籠罩，除了北邊的十字港（Puerto de la Cruz），於是我們決定前往那個港口。接著就耗在車裡設定 GPS 了，因為今晚的旅館位於新開發之地（可見加納利群島的觀光發展多迅速），地名無法顯示在 Vincent 這台已買了六年的 GPS 上。他得利用 google 地圖找出座標，再以座標設定 GPS 才能引導我們去找旅館。正當 Vincent 忙著設定他的高科技玩具時，我卻從車窗看到四、五輛吉普車載著觀光客上山，但暴雨狂瀉能見度不及十公尺，哪有火山可看？所以帶到 Parador 旅館門口讓大家冒雨拍照留念。忙到 11 點 15 分，Vincent 才把今天的行程全設定在 GPS 裡：先從 TF-21 號公路往北到達十字港，再接 TF-5 號高速公路往東，最後從東海岸的 TF-1 號高速公路南下。

　　出發了，我們像魚兒般悠游在雨絲和水漬裡，據說這裡昨天還是乾燥的火山！

這條斜坡我們總共開過了三次，
長度約一公里多，
從頭到尾都要拚命踩剎車。

　　11 點 42 分來到國家公園管理中心，這是區內三座開放參觀的建築物之一，其他兩處我們都造訪過了，離開前順道來此參觀小型火山博物館。

　　繼續再往山下走時雨勢就已越來越小了，離開國家公園前不忘停車再看一眼美麗的松樹森林，接著就一路往北。接近村落時，我提醒 Vincnet 不要重蹈覆轍開進那條長長的陡坡窄巷，上次送 Jing 去機場時還剎車剎到輪胎冒煙，但沒多久，親愛的 GPS 又引導我們開進那條無法回頭的恐怖陡巷了。雖是第三次了，我仍猶如受驚嚇的貓咪般全身毛髮豎起，雙手緊拉著安全帶，看著我們的座車在細雨裡急速下降。新科技如果缺乏人性，後果就不堪設想，明明有替代道路但 GPS 總是選擇捷徑，才會連續三次引導我們進行「自由落體實驗」！

　　下午 1 點 20 分順利來到北邊的十字港，還真是驟雨暫歇！Vincent 無奈地嘆說去找麥當勞吧，他要利用那裡的無線網路下載 GPS 資料以更新地圖，屆時到南部才不會迷路。但依 GPS 找到的麥當勞及漢堡王都搬家不營業了（果然是老舊地圖），所以直接上 TF-5 號高速公路往東，期待路旁會有麥當勞能上網。

　　沿途開始看到這個島嶼的農業概況，上次送 Jing 去機場時，天色未亮無法仔

這是 TF-1 號高速公路，我們正南下。

細觀察。其實島上的火山土壤很肥沃，加上氣候溫和，所以海拔四百公尺以下的農地大多種植香蕉、甘蔗、柑橘、咖啡、棗椰和菸草等作物。再往上到七百公尺之間則屬地中海型氣候，主要作物有麥類、玉米、馬鈴薯和葡萄等，山區則有少量的畜牧業，其他如釀酒、造船、魚類加工等都是島上的主要經濟活動。但有一項比較特殊的是煉油工業，這裡每年的煉油量達 750 萬噸以上，正好我們在東岸高速公路找到的麥當勞就位於煉油廠旁，感覺像是坐在定時炸彈旁吃漢堡，Vincent一直碎碎唸！

　　冒雨衝進麥當勞迅速點了兩份「1955 漢堡套餐」之後，我就快樂地吃起來了，而 Vincent 則啟動電腦準備下載資料。不幸，這裡的無線網路竟然不通，這下事情大條了，Vincent 立刻跑去櫃台抗議，但三位女服務生只是莫可奈何地道歉。Vincent 超不爽地回來，邊啃漢堡邊送簡訊向 Jing 抱怨，說他每年最多才進到這種店一次，結果不到三天就陪我吃了兩次麥當勞，這家不但位於可怕的「炸彈」工廠旁而且網路還不通。我想 Jing 收到簡訊時，應該在北京大笑並高唱〈草泥馬之歌〉吧！

房裡有著透明玻璃的浴室

繼續走 TF-1 號高速公路南下，經過 39 號出口後往內陸方向望去，就會看到六十幾座大型風車同時迎風運轉，氣勢壯觀猶如駐守在地球的外星兵團。早就聽說丹納麗芙島要讓他們的輕軌捷運系統達到 100% 綠色能源化，所以致力發展風力發電，而東岸有來自非洲的貿易風，迎風處便出現這批雄偉的風車部隊了。

將近 4 點鐘來到南丹納麗芙機場，我們的旅館就在附近，所以十分鐘後 GPS 就引導我們下高速公路。在這片新開發之地 GPS 立刻一片空白，都怪剛才的麥當勞網路不通，無法下載最新街道資料，還好沒多久就看到旅館指標，依指示繞一陣子便來到這家濱海度假村（Sandos San Blas Hotel）了。

這是此行的第三家旅館，也是最貴的一家，Vincent 說我們大半的預算都「投資」在這裡，希望能物超所值。辦完住房手續後便住進這座橙褐色的迷宮，我和 Vincent 的房間相隔十萬八千里，先各自休息，晚上 7 點半再用餐。

集中營

這裡的房間豪華無比，進門把行李放置好，向帶路的服務生道謝後便坐在沙發上發呆，多希望家人也能同享這麼舒適的旅館。我住在三樓，陽台可遠眺蔚藍海洋

及美麗漁港。房間配有兩張大床及一組沙發，落地玻璃能讓光線照進浴室，裡頭有淋浴設備及按摩浴缸，還有音響能邊洗澡邊聽音樂。接下來的三小時，我就快樂地在房間裡胡亂處理些小瑣事，慢慢洗個澡又睡了一覺，7 點 20 分才散步過去找 Vincent 用餐。沒想到這三個小時，Vincent 就一直上網和布魯塞爾的旅行社連繫，他對這家度假村極不滿意，覺得像座豪華集中營。八座游泳池擠滿了作日光浴的房客，他的房間便面對其中一座，他不喜歡這種過度人工化的休閒設施。而且又緊鄰機場，班機起降頻繁讓人無法專心閱讀，他表示等旅行社找到較人性化的旅館就立刻搬過去。而此時我們正朝濱海的餐廳而去，不少房客皆往同樣的方向移動，Vincent 快捉狂了，抱怨說這根本是集中營！

　　占地極廣的餐廳猶如花朵般又向外盛開出四瓣小餐廳，中間的花蕊就是供餐處，房客人手一盤排隊取餐，四周不時傳來孩童嬉鬧聲。Vincent 完全沒食欲，那副沮喪的表情連我都嚇到了，原來他對過度觀光化的地方真的無法適應。難怪早上向他提到搭遊輪遊亞洲諸國時，他會那麼不屑。

　　哎！一起旅行時若同伴情緒不好，彼此都會受影響。所以我主動表示願意跟 Vincent 換房間，我那邊距離海邊較近，沒閒雜房客進出，希望能讓他開心一點。他只答道：「明天再說，也許明天就換旅館了。」我不便多說，道聲晚安就回房了。

　　其實我對旅館的要求不高，這樣的房間我已極為滿意。但一起旅行就得憂喜共擔，所以連帶心情也悶悶的，原本要利用兩天分別搭機到拉芭瑪島及大加納島的計畫也不敢再提了，一切等換完旅館再說。其實沒去另外兩座島嶼也沒關係，出外旅遊隨興就好，只希望 Vincent 別再悶悶不樂。

　　回房後我就用自己的方式調適心情，今天剛好是農曆十五，於是到陽台上眺望海平面的滿月，在銀色月光下賞玩一陣子才進房閱讀三毛的書，小胖利也陪我一起回顧三毛筆下的加納利群島，沉浸文字是忘卻煩惱最好的方法之一，慢慢地心情也逐漸盛開。今天學到的是，天堂或地獄只在一念之間，能把集中營住成度假村才是一種藝術。晚安！

房裡的沙發組

但願人長久

一夜好眠，8 點鐘起床就到陽台上眺望藍色的海洋，生命真美好！

和 Vincent 約好 9 點鐘吃早餐，去敲房門時意外發現他笑嘻嘻地開門，和昨夜判若兩人。然後喜孜孜地述說他的重大成就，昨天不斷和旅行社的薇拉莉連絡，告知這間豪華集中營每天無數班機起降，讓人無法安寧。但薇拉莉說從來沒有房客抱怨過飛機啊！於是大清早，Vincent 立刻趕拍一張飛機的相片寄去，現在薇拉莉已連絡這邊的旅行社，盡速安排旅社更換事宜，所以 Vincent 興奮異常。叫我先逛一下，9 點半再吃早餐，他要等候旅行社的電話。

於是我便趁機將這家度假中心仔細瀏覽一番，也許中午就搬走了！基本上這座精心設計的集中營內有三種主要色調：橙褐色（建築物）、草綠色（棕櫚樹等植物）及鮮藍色（綿延相連的八座多邊型游泳池），而房客就像螞蟻般在這三種色調間移動，很像無厘頭的城市喜劇。其實我滿喜歡這裡，反正房客有自己的休閒方式，而我也能自得其樂，彼此並不干擾。不過既然 Vincent 想換旅館就跟著他走，多去認識一處居住場所也不錯！

9 點 45 分來到盛開著四片花瓣的大餐廳用餐，重點是 Vincent 心情極好。

我們選擇戶外的座位，快樂交談著……

指著四周的橙褐色建築，我問 Vincent：「這些建築是摩洛哥式的嗎？」

「應該是西班牙式的。」

「但西班牙高第（Gaudi）的建築大量採用曲線設計，這裡卻是方塊樓房啊。」

果然外頭呈現的即是人們從方塊牢房湧向餐廳的觀壯畫面，好個雄偉的人造度假中心！不久天空飄起細雨，海風吹來寒意陣陣。Vincent 感嘆說，這種天氣在布魯塞爾大家都會套上禦寒衣物，但就因「度假」所以大家得裝作不冷，身穿泳衣躺在泳池畔「淋雨」，真不知他們在想什麼？我覺得 Vincent 當時那種不屑的表情極為傳神，於是給他一些掌聲鼓勵。沒想到他卻加上一句：「這裡是度假集中營，像你這樣違反規定穿著長袖長褲在泳池間走來走去，早晚會被送到毒氣室去悶死。」不過 Vincent 倒覺得這裡很適合進行人類學研究，一定能發現人類度假模式和社會心理學之間的關聯。但我可不想被送去毒氣室，也不想被當成猴子研究，倒是提醒 Vincent，1936 年時，西班牙獨裁者佛朗哥（Francisco Franco）將軍曾掌管過丹納麗芙島，進而引發西班牙內戰，所以在這裡出現這種「獨裁式監獄」實在也不必大驚小怪！

這是我們的度假村（Sandos San Blas Hotel）

小胖利與小胖德

吃完早餐，Vincent 要回去等待旅行社的電話，而我就獨自去海邊晃了。

真是有趣的現象！凡是丹納麗芙島的海灘皆擠滿觀光客，唯獨我們度假村外面那片空無一人，大家都窩在圍牆裡的泳池享受人造清涼。於是我便在無人的海灘上大聲歌唱，小胖利則和其他西班牙石頭玩耍。可能被歌聲所吸引，另一顆愛唱歌的石頭也過來唱和著，後來才知他來自德國，和小胖利一樣長得肥肥胖胖的，所以就叫他「小胖德」。根據 2009 年的統計，加納利群島的外國人口比例是 14.3%，其中又以德國人最多，其次是英國及義大利。目前定居在加納利群島的德國人約有四萬人，若加上來此度假的德國觀光客，不難想像為何在丹納麗芙島到處都有德國人，甚至連餐廳都會提供德文菜單。

小胖德隨時隨地在唱歌，和小胖利玩得很投緣，於是決定跟我們回台灣了。

我趕在 12 點前回去找 Vincent，以確定是否要退房換旅館。

Vincent 心情極好，語氣輕快地告訴我，適逢復活節連續假期，全歐洲的觀光客都湧到加納利群島了，畢竟荻伊笛火山是全歐最受歡迎的國家公園，南部濱海度假村都已客滿，要明天才知是否有空房。所以現在無事一身輕，約好 2 點半再

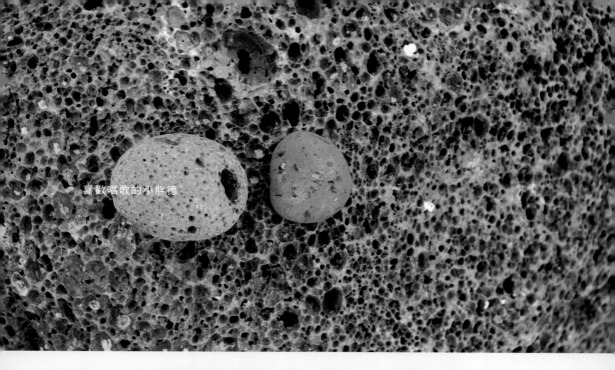

喜歡唱歌的小胖德

開車出門，我便回房睡覺了，我覺得「午睡」真是世上最美好的娛樂！

　　進房後立刻打開音響，讓音樂彌漫整個房間，結果度假村播放的音樂剛好是《辛德勒的名單》（Schindler's List），我輕聲問著德國籍的小胖德，對這種反納粹的電影音樂會不會介意？他天真無邪地搖頭：「人類才懂得仇恨，所有石頭都是和平相處的。」是啊！人類懂的東西可多了，嫉妒、欺騙、貪婪、自私、懶惰、偷竊、陷害、好勝……如果能學習到石頭的一些特性，世界就祥和多了。

基督城

　　2點半會合，Vincent 問說想去哪裡？我羞於啟齒地說，要去 Los Cristianos 那個擠滿觀光客的海灘。這個答案讓 Vincent 頗為震驚，因為那種地方他避之唯恐不及，我怎會想去？只好委婉向他解釋，我得寄些明信片回台灣給一些喜歡三毛的朋友，唯有在那種觀光地區才能買到「很加納利式」的明信片。這點 Vincent 倒是同意，但載我抵達後，他自己要去逛些小村落，屆時再回來接我。這樣更好！可以毫無壓力慢慢挑選明信片，像我這種玩攝影的人對明信片的要求極高，非得逛遍大街小巷才找得到滿意的。

　　不過在我「逛遍大街小巷」尋找明信片之前，先和 Vincent「逛遍大街小巷」尋找郵局，經過幾位烏龍路人幫倒忙的指示之後，歷經半小時才找到藏在巷子裡的郵局。排隊買郵票時，Vincent 指著裡頭的標示牌要我看，全都西班牙文及德文雙語並列，可見這裡住著多少德國人！

　　在加納利群島雖然販賣明信片的店也兼賣郵票，但只限歐洲地區，要寄到亞洲的郵票得去郵局購買。不過他們的郵票倒頗令我讚賞，因為就是貼紙，不需漿糊就能張貼非常方便。

　　待 Vincent 把我送到這座「人滿為患」的海灘時已經 3 點 48 分了，說好晚上 7 點在原地碰面他就迅速逃離了。

　　這個地方叫 Los Cristianos，有人直接音譯為「洛斯克里斯蒂亞諾斯」，但實在太長了，剛好 Cristianos 的西班牙原文是基督徒之意，所以我就自己幫它取名為「基督城」。這裡也是前幾天我們搭船前往拉歌美拉島之處，當年三毛和荷西前來丹納麗芙島時就提到「碼頭邊的街道上人潮洶湧」，但眼前所見比較像「人肉洶湧」，在沙灘上作日光浴的觀光客不計其數，儼然形成一種值得觀賞的人文

奇景。於是我不急著買明信片,先把被碼頭分隔成兩邊的沙灘慢慢逛一遍,順便吃了一個漢堡及一瓶檸檬口味的玉泉汽水(Schweppes),這種汽水台灣沒有,所以每到歐洲必然狂喝。

其實坐在海邊吹海風,觀察遊客還蠻有趣的,當然也跑到碼頭去看老人及小孩釣魚,過癮了才逐店尋找明信片。逛了十幾家紀念品店,賣的明信片皆俗不可耐,幾乎要放棄了,才在一位西班牙肥佬的店裡看到類似攝影風格的好作品,於是買下一疊。

還剩半小時,就舒服地坐在椰子樹下乘涼。眼前碧藍海灣縫接著白雲環繞的火山,銜接處則裝飾著綿延相連的度假旅館,在台灣還找不到類似的景觀呢。後來有位西班牙女子比手劃腳說要幫我拍照,謹記自助旅行的教戰守則,千萬別把相機交給「主動」要幫你拍照的人,對方可能拿了相機就跑!於是笑著婉謝那位女子的好意,但她又嘰哩呱啦講了半天,怪我不解風情似的,我只好換棵椰子樹乘涼。

7 點鐘準時和 Vincent 會合,他說基督城西岸是當地居民散步及運動之處,問我要不要去看看? 10 分鐘後我們就來到海邊觀賞夕陽了,那是沿著 Francisco

Francisco Andrade Fumero 海岸公園的戶外藝術裝置

Andrade Fumero 街延伸的狹長海岸公園，這種地方旅遊書不會介紹，但卻非常適合傍晚過來散步。

　　回程時 Vincent 表示他曾試著要安排前往拉芭瑪島（La Palma）之事，但櫃台都擠滿辦理住房登記的旅客，回去若人少再過去詢問。我笑說出外旅行隨興就好，若太麻煩不去那兩座離島也無所謂。回來時櫃台剛好空著，服務人員一下子就幫我們訂好機票，明天 7 點飛往拉芭瑪島，晚上 9 點鐘回來。天啊！計畫完全改變，明天不搬家了反而要搭機去另一座島嶼。

千里共嬋娟

　　8 點 45 分用餐，居然排隊等了很久，但 Vincent 毫無不悅的表情，大概已習慣這種「集中營」的生活模式了。用餐時 Jing 送來簡訊，說他們的專機已飛抵武漢，準備要進行下一場會議。Vincent 忽然問我：「我們認識多久了？」我掐指一

算，告訴他快十年了。原來 Jing 在簡訊裡提到十年前曾和我去過武漢，現在已發展到完全認不得了。

對啊！那次我們搭船遊長江，從重慶順流而下在船上住了幾天，航行到武漢才上岸。但最讓我難忘的卻是，有七位義大利人也和我們搭乘同一艘船，船上沒有咖啡，幾天下來都快憋死了，一靠岸就請我帶他們去尋找「解癮藥」（咖啡）。我和 Jing 攔了三輛計程車把七位義大利人帶到市區，我們去買 CD，他們去找咖啡，半小時後才滿意地回來，七個都到肯德基（KFC）狂喝咖啡！

晚餐我們沒吃很久，因為得回去準備行李，Vincent 別提醒我禦寒衣物及過夜用品都要帶著。但不是當天就來了嗎？他則解釋「世事難料，有備無患。」嗯！這是他的旅行哲學，值得學習。

10 點鐘回到房間，對這趟額外的島嶼之旅並沒特別興奮，因為過程會異常艱辛，得 4 點半起床，開車前往北丹納麗芙機場（Aeropuerto de Tenerife Norte）趕赴 7 點鐘的飛機。那個機場曾發生過史上最大空難，1977 年因濃霧，兩架客機直接在跑道上對撞，造成 583 人死亡的慘劇，史稱「丹納麗芙空難」。而且要去的拉芭瑪島剛好就是荷西意外身亡之處，想到這兩件事，心裡就難免覺得毛毛的。人就是這樣，要自己別去想就偏偏會想，所以打包行李時不自覺哼唱著三毛寫的那首〈今世〉，這是荷西在拉芭瑪島發生意外時三毛的悲傷心情：

日已盡　潮水已去
皓月當空的夜晚交出了
再不能看我　再不能說話的你……
而今夜是農曆十六剛好也皓月當空。
晚安！但願人長久，千里共嬋娟。

後記：1979 年，跨年鐘聲敲下 12 響時，在丹納麗芙島濱海大道上的荷西將三毛環抱在臂裡，而三毛許下的新年願望就是重複 12 句：「但願人長久，但願人長久，但願人長久……」但那年中秋，荷西便在拉芭瑪島意外身亡了。

拉芭瑪的沉睡

4月19日 星期二

拉芭瑪的首府聖克魯茲(Santa Cruz de La Palma)

今天要搭機到拉芭瑪島（La Palma），所以 4 點半就得起床吃早餐。

說到早餐就真的要給這家「善導寺」度假村（Sandos Hotel）用力鼓掌，因為委託櫃台代訂機票，得知清晨 5 點我們就得出發去機場後，他們特地派服務生 4 點 50 分開餐廳提供早餐，這種服務態度實在令人感動。至於本人將該度假村之英文名稱 Sandos 音譯成「善導寺」，這種創意也值得鼓勵吧！

5 點 10 分出發，要從島之極南行駛到北邊的北丹納麗芙機場（Aeropuerto de Tenerife Norte）。之前送 Jing 去搭機時誤闖一段陡坡窄巷，拚命剎車弄到輪胎冒煙，驚悚過程記憶猶新。而且 1977 年那個機場也發生航空史上最大空難，兩架客機因濃霧在跑道上對撞，583 具冤魂平白犧牲在機場。人們對這件事仍萬分在意，因而促成南丹納麗芙機場的興建，北機場位於海拔 633 公尺的高地屢為濃霧所苦，南部新機場則建在海拔 64 公尺的平地，起霧機率較低。問題是，去拉芭瑪島的班機並非從「善導寺」隔壁的南機場起飛，所以我們得開一小時的車到北機場冒著濃霧搭機！說心中不覺忐忑不安是騙人的，偏偏沿途 Vincent 又滔滔不絕聊著美國甘迺迪總統遇刺的往事。

首先他解釋一堆中央銀行的功能（很多名詞我不懂，聽得腦筋快打結了），接著說央行擁有貨幣發行權，所以賺很多錢（應該是吧）。但他又補充，多數國家的央行都是私立的，包括美國（真的嗎？天真無邪的我完全不知耶！）於是甘迺迪總統打算從私有的央行奪回貨幣發行權，以擺脫得向他們「借錢」並支付利息的荒謬成規（啥密！央行印錢，政府還得向他們借錢？）所以「擋人財路」的總統就被暗殺了……（係金ㄟ嘛？）但這和我有什麼關係，為何要聊這麼沉悶的話題，誰來救我啊！還好終於抵達機場，而且沒有濃霧。

拿到登機證後還一小時才起飛，本想在候機室小憩一番，沒想到 Vincent 居然靠過來問說：「我可以繼續說完嗎？」基於禮貌於是笑著回答：「好啊！我很感興趣呢。」但心中則泣血訐譙。天啊！誰來救救我……

拉芭瑪島

7 點起飛後，半個多小時就抵達拉芭瑪島。這個被綠色植物所覆蓋的島嶼面積僅 706 平方公里，約台灣的五分之一，人口不到九萬。加納利群島的居民都稱她為綠島

（Green Island），而另一個綽號便是「美麗島」（Isla Bonita）。除了滿島的「綠意」，拉芭瑪島也強調他們的「藍與黑」，藍色代表海洋，黑色便是火山融岩所形成的海灘。

　　7點多的拉芭瑪機場根本還沒甦醒，和當時三毛所形容的「靜靜小小的荒涼機場」沒什麼兩樣，租車店的員工剛懶懶散散地開門，請我們8點過後再來辦理手續。於是我和Vincent便到外頭去看海了，太陽剛升起大地一片暖橙色，機場外的大風車像花朵般轉著。反正閒著也沒事，Vincent就先啟動GPS，經衛星定位後那台機器發現我們已置身另一座島嶼，便自動猜測剛才移動的路線。這台「又笨又聰明」的機器還提醒我們兩座島嶼距離約216公里，所需行駛時間5小時又33分鐘，結果我們半個小時就抵達，GPS一定很疑惑吧！於是我和Vincent相偕而笑，好像捉弄GPS是件快樂的事。

　　辦好租車手續便開著那台藍色小車出發了，前往北部的塔伯印地火山國家公園（Parque Nacional de la Caldera de Taburiente）。

暖色調的閒晃

　　才往北行駛五公里便來到拉芭瑪的首府聖塔克魯茲（Santa Cruz de La Palma），時間8點51分。首先映入眼簾的是一彎黑色海灘，弧線上堆積著參差相

閱讀、喝咖啡、抽雪茄、晒太陽，
這是Vincent旅行時最喜歡的四件事，
相片攝於拉芭瑪島的聖塔克魯茲。

超爆笑的 GPS！

鄰的暖色方塊建築，很像灑滿黑色巧克力粉的橘黃糖果屋，於是我們就尋著糖味甜蜜進城了。

在海邊找到停車位後，Vincent 說他要找地方喝杯咖啡，約好半小時後碰面，我便先到城裡閒晃。原本只是漫不經心地逛著，但漸漸發現聖塔克魯茲真是一座舒適宜人的小城，到處充滿驚喜。別致的陽台式建築洋溢著濃郁的殖民地色彩，加上居民喜歡蒔花弄草，更增添不少藝術氣息。時間快到了才慢慢朝停車場方向移動，途中遇到 Vincent，一向厭惡都市的他居然頗欣賞這座雅致的濱海小城，於是決定留下來多逛一會兒，最後 Vincent 還在一家東方精品店買了三件藝術品。就這樣不知不覺逛了兩個半小時，11 點 18 分才繼續朝國家公園前進。

沉睡

又沿著海岸線往北行駛五公里後，就隨著 LP-103 號公路往山頂彎彎曲曲攀升，下午 1 點半已置身雲霧深處的潑墨畫境裡了。停在幾棵高聳的松樹下休息時，霧露濃到連呼吸都覺水氣擴散到肺腑裡，聞嗅著松枝的芳香忽覺有點睏，告訴 Vincent 想在後座小睡一下就不省人事了。那場沉睡彷彿持續了幾生幾世，醒來不知置身何處，愣了半天才發現 Vincent 尚坐在前座閱讀。懵懂問他：「發生什麼

事了？」他笑說我喃喃自語嚷著「要睡」，字音剛斷就立刻打呼了，然後酣睡到現在。我有點不好意思，頭腦還沒清醒，半夢半醒間以為「發生什麼意外」所以被帶到這個陌生之地。

其實剛才那場沉睡並無夢，但醒來反而陷入夢裡，想像著 1980 年三毛重回拉芭瑪島探望荷西墓園時的情景，甚至兀自把書裡遺漏的細節都用想像力補齊了，包括三毛在墳前陪著安息在火山下的荷西輕唱這首歌：

記得當時年紀小
我愛談天　你愛笑
有一回並肩坐在桃樹下
風在林梢　鳥在叫
我們不知怎樣睏覺了
夢裡花兒落多少……

夢裡花落知多少

　　2 點 8 分我們繼續向山裡走，車子一直在雲霧裡盤旋，我的心情則鬱悶不已。來到某個顛簸路段，要四輪傳動的越野車才能行駛，Vincent 停車問我肯不肯下來沿著山徑走一段？「也好！」我應了一聲，穿好夾克就隨他往濃霧的松林而去。心不在焉地踱步，漸漸和 Vincent 越離越遠，兩人像和在雲層的天地兩端各自走著，蒼茫的霧氣裡又想起三毛及荷西……

　　1980 年 6 月 3 日，三毛從大加納利島寫給雙親的家書裡提到，即將搭機去拉芭瑪島探視荷西的墳墓，因為不忍任其荒蕪。等到三毛來到拉芭瑪島，就把當時的狀況寫成那篇動人的〈夢裡花落知多少〉，在墳前，三毛抱著上頭的十字架彷彿一次又一次撫觸著摯愛的荷西，每次閱讀都感動不已。

　　人一旦走進記憶裡，就會無窮無盡地陷入，即使是別人的故事。

　　後來看到一棵不明原因被砍斷的松樹，就蹲在旁邊點數橫切面上的清晰年輪，至少數十年了吧！原來數十年的生命和電鋸交換而來的，只是一面美麗的紋路，所以不必太沉溺於三毛與荷西的絕美故事，生命其實很輕，或許輕如薄霧。

　　Vincent 走了一大段已繞回來，提醒我該回車上了，而此時，山雨欲來風滿樓。下山時果然飄起雨了，穿梭在雨霧的山路一直讓人覺得不安，幸好兩輛工程車剛好要下山，他們對路況非常熟悉，就尾隨其後汲取一些安全感。雖然距聖塔克魯茲才三十幾公里，但視線不佳至少要開上一小時！對於這座火山國家公園，除了濃霧和松樹之外無法看到其他景觀，但有一點倒是印象深刻，森林裡的消防系統非常完整，遍布不少消防栓及蓄水池。

空城

　　3 點 41 分逐漸接近平地，Vincent 停車讓我拍攝一張雲層下的聖塔克魯茲，同時 Jing 也送來簡訊，他們已簽下那只鉅額合約，大家正在慶功。

已經下午四點鐘了，整個聖塔克魯茲街上怎麼還空蕩蕩的？

　　4 點鐘回到聖塔克魯茲雨也停了，其實應該說平地本來就沒下雨。我們也該為肚子「慶功」了，整天都沒進食飢腸轆轆，找到一家餐館就在戶外享受義大利麵。只是坐了一陣子便發現異樣，街上怎麼空蕩蕩的？實在過於反常，簡直像火山即將爆發居民全被撤離時的那種死寂，我一再問 Vincent：「人都到哪裡去了？這是正常狀況嗎？」

　　Vincent 只是悠然食用麵條，然後以極八卦語氣說：「你要知道這裡是西班牙，這些西班牙人午覺不睡飽是不起來工作的。」

　　「但已經下午 4 點多了耶！」我大感不解地強調。

　　「是啊！你等著瞧，5 點鐘就滿街都是人了。」

　　吃完義大利麵，Vincent 決定移到對面喝咖啡，因為陽台上懸滿盛開的繁花，有這麼用心的主人想必咖啡比較香醇。而從不喝咖啡的我還是喜歡帶著相機到處逛，而且這次沒限定時間，任我晃到累，再過來找 Vincent 即可。於是就山上海邊到處跑，整整玩到 6 點細雨飄飛才乖乖回來。果然整座城市又活起來了，店家

開了，觀光客也四處湧動。其實聖塔克魯茲這個港口 1493 年 5 月 3 日才被發現，剛好位於前往美洲的航線上，所以發展非常迅速，甚至 1558 年西班牙國王菲利普二世（Felipe II）還在這裡設立了印度法庭（Indian Court），凡前往北美洲西印度群島（West Indies）的船艦都要在此註冊。現在的聖塔克魯茲仍有她華麗貴氣的一面，Vincent 提醒我街上很多高級名牌店，讓觀光客過來度假時順便血拚。

「是嗎？那我再去多逛一會兒。」於是吹著口哨就往北邊街道晃去了。

是沒去採購什麼名牌啦！倒是買了汽水及堅果坐在教堂前邊吃邊看路人，之後又買了一本拉芭瑪島攝影書及幾張老明信片才回來找 Vincent。已經 6 點 57 分了，決定開車前往島嶼南邊。

淡藍的南島

沿著東南海岸行駛，綿延的青翠山脈竟被大雨浸成灰藍色，渲染出一種美麗的哀愁。這裡的居民住得很零散，經常孤立在坡地上守著自己的農田、酒窖、菜園、畜欄、糧倉、搗穀室，甚至風車。Vincent 覺得這裡的生活應該頗艱辛，除非土生土長，否則移民過來很難適應。我卻想到三毛也在拉芭瑪島居住一段不短的時間，當時荷西在這裡找到工作她就跟過來了，但覺島上日子歲月悠長，只能守著海，守著家，守著彼此。此時外面的雨越下越大，我們孤立雨中像座移動的島嶼，所以慢慢能了解三毛當時的寂寞心境。

7 點多了，告訴 Vincent：「不然回機場好了，這樣的雨讓我覺得不舒服，好像快被淹沒了。」於是便在一處不知名的教堂前迴轉，教堂的十字架很別致，深深鏤刻在建築物裡，那是我對拉芭瑪島的最後記憶。

記得當時年紀小

　　機場的人少到無法想像，回程的登機證早上就順便給我們了，也無需辦理劃位手續。其實機票上也沒座位號碼，登機後自己找地方坐即可，而 Vincent 總是挑機尾的座位，他說發生空難時存活率較高。機上沒什麼乘客，我們就各自坐一排空位。

　　半小時後又回到那座讓人心裡覺得毛毛的北丹納麗芙機場，1977 年 4 月 3 日三毛寫給父母的家書一開頭就提到這裡的大空難，還說德國早就有人預言 3 月 27 日當天飛機會在北丹納麗芙機場相撞，果真就發生了，所以三毛相信這是「命運」不是「巧合」。也許凡事都這樣想，日子會比較快樂吧！

　　接著從高速公路由北往南回到我們的「善導寺」，車程一小時。

　　途中 Vincent 問我：「後天要不要再去大加納利島？」

　　毫不考慮就建議取消那個行程，當天來回太累了，而且還得凌晨 4 點起床！

　　「真的嗎？大加納利島有三毛的家，你不是有住址，不想過去看看嗎？」

　　「不去沒關係，出外旅遊隨興就好，不要再把自己搞得這麼累了。」

　　10 點半回到旅館，原本想找地方吃晚餐，但實在太累了，還是回房睡覺比較實在。進房立刻倒頭就睡……

　　記得當時年紀小
　　我愛談天　你愛笑
　　有一回並肩坐在桃樹下
　　風在林梢　鳥在叫
　　我們不知怎樣睡覺了
　　夢裡花兒落多少

　　好了！小胖利、小胖德你們兩個別在那邊唱個不停，你們當時年紀小的時候，我都還沒出生咧！趕快給我睡覺，晚安！

記得當時年紀小

我愛談天　你愛笑

亞伯利哥斯漁港

4 月 20 日　星期三

昨天凌晨 4 點半就起床，辛苦搭機到拉芭瑪島，晚上回來時體力幾乎透支，進房立刻呼呼大睡，這樣的睡眠當然香甜異常。

9 點鐘和 Vincent 吃早餐時，他開口就問我睡得好不好？

根本是一覺到天明，醒來房裡正播著恩雅（Enya）的音樂，而外頭的陽光美得像溶化的奶油，散發著暖洋洋的麵包香味。美中不足的是，隔壁嬰兒的哭聲好大，讓我的恩雅天籟裡平添許多哀嚎。所以就請教 Vincent，在比利時若父母都得工作，嬰兒出生後誰要照顧？

他說有政府補助的育嬰機構幫忙照顧嬰兒，只須支付極少的費用即可。但有些人還是無法放心，連旅行都要把嬰兒帶著，所以才會有小 baby 在你的恩雅音樂裡「哭喊自由」。

我又開玩笑地問，比利時有那麼多摩洛哥移民，會不會托兒機構裡有很多巧克力色的小嬰兒？Vincent 倒回答得頗有智慧，「膚色」在小朋友眼中是沒差異的，只有大人才會用顏色來辨別人種，接著就聊起歐洲的移民政策了。原來各國移民（外籍勞工）來源不盡相同，比利時大多是摩洛哥人，在法國較多的是奈及利亞人，德國則是土耳其人。而且各國政策也不同，不管哪一國人只要是誕生於比利時，便自然成為比利時人，但在德國就沒那麼寬鬆了。

至於比利時為何有這麼多摩洛哥人則其來有自，當時礦場找不到礦工，起先是到義大利貧窮地區去招募工人，後來才改到摩洛哥。Vincent 還記得一些 1960 年代的紀錄片，煤礦公司就到當地播放影片告訴摩洛哥人在比利時有洗衣機及水電設備，過來工作賺錢還能享受舒適生活，因此順利引進大批外籍勞工。但總不能老爸一個人在比利時，妻兒都留在摩洛哥，基於人性考量，便逐漸修改法令，讓那些工作多年的勞工能把眷屬接過來。

此時 Vincent 換了一種風趣又誇張的語氣說：「結果有人在摩洛哥有 10 個兒女，一口氣都帶過來了！」這些摩洛哥移民大概到第二或第三代就和比利時人一樣只生一兩個小孩，大家在觀念或生活上會慢慢同化。但非洲還是陸續有新移民過來，所以仍會產生新的社會問題。Vincent 說他親眼見過一位女孩身穿傳統長黑袍要到公共泳池游泳，管理員得慢慢和她溝通，請她依規定穿著泳裝才能下水。

我說，幸好台灣較沒這類移民問題，因為移民政策嚴苛，除非藉由婚姻，否則很難取得居留權！

Vincent 聽完頗驚訝，直問我真的有人想移民去台灣嗎？

於是我便訴說了一段美國友人的故事：

他來自飄雪的美國東北部，在台灣教英文已經五年，之前曾在四川任教三年，也娶了大陸老婆，所以想把老婆接到台灣來定居。而我就幫他填寫很多中文申請表，記得有個欄位是「來台配偶是否為共產黨員？」當我問友人這題怎麼勾選時，他大叫一聲：「慘了，她是共產黨。」

聽到這裡 Vincent 拍案叫絕，笑說我的美國友人怎麼那麼缺乏政治敏感度，竟想把一位中國共產黨員弄到台灣來。

我叫 Vincent 先別笑，好戲在後頭，他老婆不但是共產黨還是軍中幹部！聽完，Vincent 又槌桌猛笑大喊：「笨蛋美國人！」

但我立刻說，可是那位共黨紅軍老婆現在已定居高雄了。

「真的嗎？」Vincent 無法置信地看著我，眼大如牛鈴。

「真的啦！」他老婆到高雄時，是我開車和他去小港機場接人的，車裡我還特別播放《紅色娘子軍》、《白毛女》、《紅燈記》等音樂歡迎「共軍蒞台」！

結果 Vincent 若有所思地說，台灣當局還頗有度量！不過這個故事倒可拍成電影，就請鞏利演共產黨老婆，《鐵達尼號》的李奧納多演那位笨蛋美國人，《臥虎藏龍》的周潤發演你，一開場就是鞏利在槍林彈雨中接受戰鬥訓練，李奧納多則拿著旅遊書在北京街頭晃來晃去，而你呢……

「我就在丹納麗芙島的『善導寺』和你吃早餐，正享用一盤堆積如山的水果。」我主動幫 Vincent 接下去，因為覺得他這部電影爛透了，台灣到處都有大陸配偶，哪有什麼新鮮感？不過我倒是覺得請李連杰演我比較適合，但我的眉毛有金城武的神韻，眼神則類似梁朝偉……倒底要讓誰演呢，好煩哦！

我試著用相機拍攝天上落下的鑽石

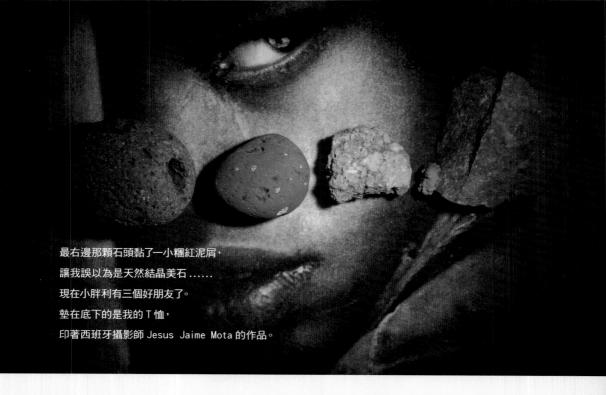

最右邊那顆石頭黏了一小糰紅泥屑，
讓我誤以為是天然結晶美石……
現在小胖利有三個好朋友了。
墊在底下的是我的 T 恤，
印著西班牙攝影師 Jesus Jaime Mota 的作品。

千年禪石

　　今天不想安排任何觀光行程，只想待在「善導寺」好好休息，下午 5 點再開車出去晃。於是 10 點多回來便在房間裡寫明信片，偶爾也到陽台上遠眺碧海藍天，12 點多就悠然入睡，享受一場軟綿綿的午覺。

　　將近 2 點醒來，外頭剛潑灑過傾盆大雨，落地玻璃窗上鑲嵌著大大小小的雨滴，於是我拿起另一台近距離專用的相機，試著拍攝天上落下的鑽石。後來乾脆帶著相機在度假村裡覓景拍攝，自從將這家度假村賜名為「善導寺」之後就覺禪意處處，留宿於此天天聆聽暮鼓晨鐘也不錯！驟雨如智慧甘霖滋潤著橙褐色的建築，雨聲如空靈梵唄撫慰著前來朝聖的房客，散步而過竟發現庭院綴滿千年禪石，我躬身一撿，居然是顆長出紅色結晶的稀有美石，想必已修行萬年才能孕育出如此光華之氣韻。擁之入懷彷若天地精華盡收，這「善導寺」果然是靈山寶地也！又一彎身，另一結晶美石即又唾手得之，可見前來修行之石頭不計其數，顆顆皆靈慧聰穎讓人愛不釋手。好個賞石東庭下，悠然見紅屋……只是紅屋外牆剛被糊了一層褐色紅泥，泥水匠的技法太拙，掉落無數泥屑，地上的石頭因此黏著大小不一的「紅色泥屑」，所以被我誤以為是修

亞伯利哥斯漁港 (Los Abrigos)

煉而來的「紅色結晶」，真是……%$#@&*%……不過這場美麗的錯誤也值得紀念，於是把最早發現的那顆山寨版結晶美石帶回去當小胖利的玩伴。

天秤哲學

5 點鐘前去找 Vincent 之前就約好要開車出門。

結果竟發現他身穿泳褲在陽台上閱讀，行為模式居然和「度假集中營內的觀光囚犯」一模一樣，莫非他對這個「集中營」的敵意已化解？看我出現，Vincent 興奮地表示整個下午都在研究如何利用相機拍攝飛機劃過上空的影片，一定要寄給薇拉莉，讓她了解這裡的飛機有多吵。哎！可見在他心目中，這裡還沒從「集中營」蛻變成「善導寺」。

出門後其實也沒設定什麼旅遊目標，通常都隨興到小村莊亂逛。不過倒是請 Vincent 先開到與「善導寺」一河之隔的亞伯利哥斯漁港（Los Abrigos），那裡肯定有郵筒，我要寄明信片。於是在窄狹的單行道繞了半天才來到碼頭，兩人立刻

　　驚嘆這座小漁港怎麼這麼美！這裡沒觀光客只有居民，有人遛狗，也有人游泳及垂釣。Vincent 興奮地表示好喜歡這種地方，可以看到居民真實的生活，還得意地說：「這裡絕對有道地的西班牙海鮮！」然後指著港灣內停泊的漁船要我看。小漁船進港立刻把魚貨賣給岸邊的餐廳，附近居民就開車過來吃海鮮，這種餐廳最棒了。他越說越得意，竟決定不回「集中營」去吃囚飯，要我也一起在這裡享用海鮮。

　　這下子可難為我了，要如何拒絕呢？捨棄度假村裡的免費自助晚餐不吃，額外花費上千台幣在此吃海鮮，實在有點和自己的荷包過不去。何況平常我盡量吃素，需要大量蔬菜水果，歐式自助餐比較能滿足我的需求，只好鼓起勇氣告訴 Vincent 自己還是要回去用餐，所以原本很單純的事，卻弄得有點尷尬！

　　於是 5 點 55 分就一個人慢慢越過河谷走回「善導寺」了。

　　一個人吃自助餐的確有點怪，取餐時連相機都要拿著，不能留在桌上。起初對剛才的事還耿耿於懷，但我的「天秤哲學」很快就讓我釋懷了。我覺得老天爺永遠是公平的，給你缺點時也一定會給你優點，讓你憂傷也會讓你快樂。如果你長

得很醜，那老天爺會讓你很有才華；若你又醜又沒有才華，那老天爺會讓你很長壽，所謂「紅顏薄命」、「醜女萬歲」就是這個道理，所以千萬別羨慕他人。

剛才婉拒 Vincent 的海鮮邀約，結果今晚餐廳就提供現烤花枝、鮮蝦、淡菜、魚類等海產，真想去把 Vincent 叫回來。不過他本來就沒抱怨過這裡的食物，而是厭惡這裡的人造度假氣氛。反正我也吃到海鮮了，感謝老天爺，這就是我深信不疑的天秤哲學：「老天永遠是公平的！」

為愛懶讀

7 點 58 分吃飽後，又跨越河谷回亞伯利哥斯漁港去找 Vincent，當初就說好要再會合。結果才攀爬到小懸崖，就發現漁港在夕陽裡被染上一層橙黃色的金鉑，美得非常不真實，於是佇立崖邊臨風觀賞落日。

8 點 36 分回到碼頭，Vincent 也吃完他的西班牙海鮮大餐，正在閱讀《為愛朗讀》（The Reader）。為了一掃之前的尷尬，便問他覺得這本書好嗎？我已看過電影，頗覺感人所以隨口問他，結果無端地引來一場近乎「爭辯」的對陣。

Vincent 覺得故事裡的男主角太自私，明明一句話就能幫女主角脫罪，卻因軟弱沉默而任她終生坐牢。但我想表達的是，讓人不滿意的情節並不代表就是爛書，作者的寫作手法應獨立於故事角色的個性。反正 Vincent 對這樣的劇情極不滿，一直要找我理論，但兩人切入角度不同要如何對談？當時很想借用佛陀的「無記」來表達這樣的辯論無意義，但也無從解釋何謂「無記」，所以直接保持沉默，僵硬地笑了笑就溜去碼頭邊拍攝夜景了。

9 點 10 分兩人才開車回「善導寺」，進到房間就懶懶地洗澡、洗衣服並幫小胖利及小胖德拍照解悶。不過倒因《為愛朗讀》而萌生另一篇小說的構想，有位留美高材生回台灣度假，意外邂逅一位高山部落的原住民女孩並墜入情網，最後為了愛情放棄在美國唾手可得的學位，到山上和女孩終身廝守，這則動人的故事便叫《為愛懶讀》。

心情沉悶時就要設法自娛，例如幫石頭拍照或構思故事情節，馬上就會快樂又自在了。晚安！「善導寺」裡的為愛懶讀。

丹納麗芙島最後巡禮

4 月 21 日　星期四

哈哈！小胖利與小胖德在圓型的看台上
觀賞西班牙鬥牛了。

又是一夜好眠，8點鐘起床神清氣爽去海邊散步。

我很納悶像「善導寺」這麼大的五星級濱海度假中心，為何房客寧願在泳池旁作日光浴也不肯到海邊走走？從後門出去就是海洋了，但每次來總是我獨自一人。也好，這樣反而可以放聲高歌，今天一直唱著鄧麗君的〈海韻〉。

這片海灘除了美麗的石頭之外，也有很多稀奇古怪的植物，像我這種喜歡大自然的人，光是觀察那些精巧玲瓏的花蕊及葉片就不亦樂乎了！而小胖利和小胖德更是不亦樂乎，居然跑去看西班牙鬥牛了，在看台和觀眾一起大喊：「Ole! Ole!」

既然來西班牙總是要看場鬥牛，因為再沒有比鬥牛更能表現出西班牙這個國家的奇怪個性了。在這種俗麗的格鬥儀式中，你可以看到人類自以為是的一面，所以粗野的公牛就該被刺死，以證明正義戰勝邪惡。每個觀眾都名正言順化身正義支持者，血脈賁張地滿足了西班牙式的英雄崇拜。所以到西班牙不妨去看鬥牛，但一場就夠了（因為太殘忍），一場就足以讓你了解西班牙人對鬥牛狂熱的程度了。我覺得西班牙人迷戀鬥牛和其他國家鍾愛節慶煙火秀沒什麼兩樣，只是鬥牛死的是「牛」，而煙火秀死的是「數不清的鈔票」。

懸崖頂的荒原根本不足以讓人迷路，
但就是有人用石頭排出一條通道來。

從海邊走回只需 3 分 28 秒，但這段距離竟長到沒人肯過去，真是不懂啊！

9 點鐘吃早餐，仍選擇戶外的座位，因為服務生是位會講法文的摩洛哥人，每次都會親切地和 Vincent 扯上幾句，所以我們很喜歡坐在他的地盤。但 Vincent 說昨晚沒睡好，簡單拿片麵包及培根，喝杯咖啡就先離去了。我還是如同往常吃很多水果及麥片，加上洋菇、青花菜及焗烤番茄，才滿足地離開。在歐洲，中午我們通常不吃正餐，所以早餐會吃得比較豐盛。

亞伯利哥斯漁港

10 點多我又獨自去亞伯利哥斯漁港，那座不起眼的碼頭因地形及建築物的巧妙結合而散發一種獨特魅力，像我這種戀海的人絕對可以快樂地在那裡閒晃整天。

從「善導寺」前去那個小碼頭只要先走 30 公尺的鵝卵石海灘，再跨過 50 公尺的河床，爬上寬約 100 公尺的小懸崖，下懸崖再走 80 公尺的沙灘，再攀上高坡就是亞伯利哥斯村落了。步行大概要十分鐘，開車的話得繞很遠的路，至少也要十分

鐘。但走路能看到許多有趣的動植物，例如爬上小懸崖時土徑旁的蜥蜴經常聞聲竄跑，把草叢搖出一道痕跡來，非常有趣。但牠們逃得太快，我從沒看清楚牠們的模樣。而懸崖頂的荒原根本不足以讓人迷路，但就是有人用石頭排出一條通道來，看起來頗像祕魯的納斯卡線（Nazca Line）。今天在碼頭剛好遇到小漁船進港，漁夫就直接在碼頭邊賣魚順便幫顧客清理內臟，大概三十多尾魚吧。而當時的買者是位推嬰兒車的年輕母親，另外尚有兩輛休旅車剛抵達。一位身著藍灰制服的警察也過來和漁夫閒話家常，兩個人看起來都很像卡通人物小熊維尼，只是一人持刀，一人配槍。

看完小熊維尼賣魚我往堤岸散步而去，岩縫裡的螃蟹又大又肥，十隻腳皆染著鮮麗的紅色漸層，適合拿來當巨蟹座的圖騰，而海水則碧藍見底，應該是天上的水瓶座流瀉過來的，讓我這隻雙魚看得很想躍進海裡悠遊。

亞伯利哥斯漁港的聯外道路，
左轉就可進到漁港去了。

11 點半又慢慢散步回去，想睡午覺了。途中在沙灘拍攝石頭時，原本在旁邊玩法式滾球（Petanque）的四位老人都靠過來好奇看著我，然後一位老阿嬤就說：「你一定很喜歡石頭？」我笑著點頭，而待在幾顆大石頭旁當模特兒的小胖利也眨著眼對我竊笑。

阿雍的往事

3 點鐘和 Vincent 開車出門，他原本想往山上走，但我說西南海岸有兩座小漁港，要不要去晃晃，說不定又有驚奇發現。他欣然同意，因為我們都喜歡像亞伯利哥斯那樣的素人漁港，就趁最後一天去西岸搜尋。

途中 Vincent 聊到當年計畫要去阿雍的往事，我好奇問說為何想去阿雍，他則回答：「因為撒哈拉沙漠啊！而且那時還屬於西班牙，要去很方便。」

當年三毛及荷西就住在阿雍，雖然是個沙漠小鎮，卻是西屬撒哈拉（Spanish

Sahara）的首府。長久以來這裡的的沙哈拉威人一直想獨立，1975 年西班牙逐步撤出西屬撒哈拉，但摩洛哥卻趁機占領阿雍，就在這個動盪時刻，發生許多生離死別、可歌可泣的故事。最令人動容的便是三毛那篇史詩風格的〈哭泣的駱駝〉，述說沙哈拉威人的游擊隊領袖巴西里和妻子沙伊達（三毛的好友）為了爭取獨立，在動亂的阿雍雙雙身亡的經過。每次閱讀〈哭泣的駱駝〉都會想到當時動盪不安的阿雍，無水、無車、無汽油、無食物、無藥物、人擠人、人吃人，炸彈在市區四處爆炸，大家搶搭飛機逃難，生命比螞蟻還不如……

　　Vincent 說原本阿雍只是個沒人理的沙漠小鎮，後來因為發現礦產所以引起摩洛哥覬覦，號召 35 萬摩洛哥人向西屬撒哈拉「和平進軍」以宣誓主權……我也跟著想起當時三毛及荷西逃離阿雍的情景，這些故事三毛並沒寫在書裡，是後來出版的書信集才有詳細敘述。1975 年 10 月 22 日，三毛先逃出西屬撒哈拉，但荷西仍滯留在動亂的阿雍。因為電話不通音訊皆斷，三毛只好每天到機場守候，向每位下飛機的人詢問荷西的下落，十天來睡不著、吃不下，急得幾乎瘋掉。

　　直到 11 月 1 日荷西才奇蹟似地出現，他的逃亡過程比電影還精彩。當時每個人都爭先恐後到機場搶機位，他覺得搶不過別人所以獨自把家當帶到海邊，露宿兩天後西班牙軍艦來了，但不載送老百姓。絕望之餘剛好有條船卡在航道上軍艦過不去，非得潛水夫下去處理不可，這本來就是荷西的職業，於是他自願幫忙，但條件是不但要讓他搭軍艦，而且車上的東西都要一併帶走。於是別人都空手逃亡，荷西卻把所有家當都帶到加納利群島來了。三毛喜極而泣地在家書上寫著，連鳥、花、書籍、信件、相片，甚至肉鬆、紫菜、冬菇都帶出來了，還興奮地告訴雙親，你們的女婿是世上最了不起的人。這段故事就詳載於皇冠出版的《我的靈魂騎在紙背上》1975 年 11 月 1 日的家書裡，每次閱讀這段往事都會跟著再次感動。

海灘巡禮

　　3 點 38 分來到西岸的聖璜海灘（Playa de San Juan），這個地方比預期還大，也比預期還多人，但海水仍湛藍得令人嘆息。於是 Vincent 找棵棕櫚樹，點了咖啡就在樹下閱讀，交代我要玩多久就玩多久，累了自己回來樹下找他即可。我先去碼頭看漁船，覺得每艘船都是一件藝術品，又走到長長的堤岸上看年輕人踢足球，

被火山礫岩包夾的阿卡拉（Alcalá）海灘

球掉進海裡時就游泳去撿，洋溢在陽光下的青春活力讓人羨慕。當他們發現我在拍照時就踢得更起勁了，還會後空翻跳水踢球，他們玩得瘋狂，我也拍得過癮。

晃到 5 點鐘才悠然回頭找 Vincent，結果他興奮地說，自己前世肯定是中國人，因為剛去買可樂，結帳小姐居然是位年輕中國美眉。天啊！遇到一位中國女孩就能讓 Vincent 這麼興奮，他不是不相信輪迴嗎？怎麼自認前世是中國人了？

自從 Vincent 遇到那位中國美眉後，就眉飛色舞地沿路哼歌，唱的是批頭四（The Beatles）的〈太陽出來了〉（Here Comes the Sun）。然後我就把歌詞改成〈兒子出來了〉（Here Comes the Son），也跟著 Vincent 亂哼，因為他前世是中國人現在投胎轉世了！正當此時，Jing 送來簡訊說她已回到比利時，累得快虛脫了，要先大睡一覺，明天會去布魯塞爾機場接我們。

5 點 32 分我們移到這座規模小很多的阿卡拉（Alcalá）海灘，右邊是小碼頭，左邊是小沙灘，都包夾在兩面懸崖之間。真羨慕丹納麗芙島，隨便一座港灣都美如神話，光是環島造訪這些地形特殊的山海交錯處就不虛此行了。

在碼頭看人垂釣時，我說有位學弟告訴我魚類沒有疼痛的知覺，所以被釣上來

停在聖璜海灘 (Playa de San Juan) 上的船

時不會痛。Vincent 大笑，認為我在「唬爛」，我也跟著大笑，因為我也不相信學弟的話，雖然他老爸是漁夫。

6 點 50 分 Vincent 又送我回到亞伯利哥斯漁港，他覺得有點累，要先回去小睡片刻，約好 8 點半一起用餐，我則快樂地在碼頭享受夕陽及海風。

最後晚餐

睡醒後，Vincent 精神極好！剛好飄來一陣細雨，氣溫驟降，餐廳的戶外座位因為太冷所以沒人坐。我們趁機在外頭享受一頓安靜悠閒的最後晚餐，為示慶祝，平常不吃肉的我也輕嘗一塊鮮嫩的牛排。明天要飛回布魯塞爾了，還好是在隔壁的南丹納麗芙機場搭機，開車過去只需十分鐘。兩個星期的加納利群島之旅就隨著三毛的文字及齊豫的歌聲，海角天涯一站一站地走，不管快樂或悲傷都溶進生命裡了。晚安！美麗的加納利群島，令人懷念的加納利群島。

西班牙蒼蠅

2011 年 4 月 22 日

多停留一天，
小胖利又多結交一些朋友了。

　　我們搭中午 12 點的班機，得提前二小時到機場，車程 10 分鐘，但必須先還車，所以預計 9 點半出發，如此推算下來，8 點半就得吃早餐了。

　　這是加納利群島的最後早餐，我在水果區取餐時 Vincent 忽然冒出來，笑著說：「我就知道在這裡一定能找到你，你是食果性動物！」我刻意笑得天真無邪，然後盛了一大盤葡萄、鳳梨、西瓜、水蜜桃，再綴上兩個心型千層派之後，就跟 Vincent 回戶外的座位去了。喀滋喀滋享用水果時，才慢慢告訴 Vincent 這十年來每天晨起幫老爸打果汁調製養生膳食的事，每次都要用到八、九種水果，剩的我就自己吃，所以十年來我的早餐就是水果，即使出門在外也自然而然往水果區張羅早餐！習慣有時很難改，於是順便告訴 Vincent 我們家那隻大黑狗的故事，幼犬時就被老爸從山上帶回來，在都市的第一夜就低聲哀泣拚命往家裡的盆栽裡鑽，想回到「森林」去。看得我好難過，每晚都帶牠到附近的公園聞青草味。連狗都如此了，我當然也會習慣性地跑到水果區尋找水果。最後一天，終於讓 Vincent 多發現我嗜吃水果的「壞」習慣了！

　　9 點多去櫃台退房，依依不捨離開這家「善導寺」，雖然 Vincent 認為這裡是

人工堆砌出來的度假集中營，但我還是萬分懷念。

　　不到十分鐘就來到機場，迅速還車然後來到出境大廳。曾在機場塔台服務多年的Vincent，熟練地看著顯示牌尋找班機報到櫃台，查了一陣子忽然緊張地說：「我們的班機不見了？」然後催促我一同前往航空公司服務處。幹麼這麼大驚小怪！班機哪會不見，於是不太情願地跟著Vincent移動。來到服務處他趕緊拿出機票詢問班機「現況」，櫃台小姐用電腦查詢後知告「延至23：50才起飛」。此時一直板著臉的Vincent終於放鬆下來，又和對方確認一些資料，等各種細節都處理妥當才有空理我。先嘆一口氣再「曉以大義」地向我解釋，我們搭乘的是「廉價包機」，航空公司有權利更改飛行時間，但沒義務要通知乘客。如果班機提早飛走了，我們就得重新購買很貴的單程機票，再搭車一小時到北丹納麗芙機場，像Jing一樣先飛到馬德里，再轉機回布魯塞爾，不但花錢而且耗費時間。

　　聽完才知事態嚴重，幸好我毫不知情，不然肯定比Vincent還緊張！所以「不知情」或「無知」有時也是一種恩賜，能讓人保有赤子之心，君不見那些深山村婦不都過得逍遙又自在？這也讓我想起收藏多年的一枚石章，上面就刻著「人生識字憂患始」，倒也不是鼓勵文盲，而是提醒自己要珍惜「大智若愚」的智慧。不過必須承認自己很「帶塞」（這和智慧無關），每次搭機時「飛機都會搞飛機」，不是讓我搭不到就是給我亂飛……這次算是不幸中的大幸，所以Vincent叫我凡事要正面思考（positive thinking）。

　　但接下來怎麼辦？現在9點多，還有十幾個小時班機才起飛，車子也還了，房間也退了，要流落機場苦苦等候嗎？

狗島的歷史

　　討論後我們決定搭計程車回「善導寺」，至少那裡會收留我們。回來最快樂的事就是又看到那位美麗的櫃台小姐了，她已聽說飛布魯塞爾的包機延後之事，因為不少房客是「受害者」。幫我們把行李寄放好，還交待需要服務之處儘管過來，你看多有人情味！

接下來就找地方休息囉！走過清澈碧藍的泳池，居然發現 Vincent 陽台的落地玻璃門還開著（他退房時忘了上鎖），因為就在一樓我們就直接從陽台「走」進房裡休息了。在這種落難時刻，連這一點點小方便都足以讓人興奮許久。於是 Vincent 取出電腦在陽台上網通知 Jing 不用去機場接機了，而我則開心沖澡去，然後滿足又快樂地躺在軟綿綿的大床上補眠。活著就要懂得享受生活小細節，才不枉此生。

就這樣舒服地休息著，直到 11 點多服務人員進來打掃，才笑著道謝並起身離開。接下來決定去亞伯利哥斯漁港待到晚上 9 點，但臨走前我忽然想去參觀「善導寺」的迷你博物館（前幾次去都剛好遇到閉館），所以請 Vincent 先在泳池畔閱讀，待會再回來和他碰面。

很炫吧！度假村還擁有自己的博物館。仔細瀏覽後再加上我手邊的資料，約略歸納的加納利群島歷史如下：

一、這裡的原住民是柏柏爾族（Berber）的灣契人（Guanches），目前已滅絕。

二、西元前四十年，非洲茅利塔尼亞的國王朱巴二世（Juba II）曾遠征至此。

三、因為朱巴二世的遠征，羅馬人才知非洲西岸有這幾座島嶼。

四、十世紀起，阿拉伯人開始在大加納利島登陸並經商。

五、十五世紀中期，葡萄牙軍隊征服拉歌美拉島。

六、1479 年西、葡兩國共同簽定《阿爾卡索瓦斯條約》（Treaty of Alcacovas），加納利群島從此歸西班牙管轄。

七、哥倫布四次前往美洲的船隊都在加納利群島補給。

八、1936 年西班牙獨裁者佛朗哥將軍以此為基地發動政變。

九、1977 年發生航空史上最嚴重的「丹納麗芙空難」，共計 583 人死亡。

不過最有趣的是，古羅馬著名科學家老普林尼（Pliny the Elder, 23 AD～79 AD）曾在著作中提到「加納利」（Canary）這個名稱來自島上一種叫 Canes 的巨犬，所以應該和金絲雀無關。在英文裡「加納利」和金絲雀是同一個字，因此有人將這裡譯作金絲雀群島，但據古籍所示，Canary 應該來自英文的「犬科動物」（canine），所以是「狗島」，不是「鳥島」。

看完狗島的歷史後順便去洗手間，卻驚見小便斗皆浮貼著一隻蒼蠅！莫非，此乃陳昇在《布魯塞爾的浮木》那本書裡所提到的著名春藥「西班牙蒼蠅」？

西班牙海鮮

　　將近 2 點鐘我們開始朝亞伯利哥斯漁港出發！現在沒車了，Vincent 得認命跟著我翻越懸崖步行前往，於是我就假裝 GPS 說話的聲音在前面引導，逗得他邊走邊笑。登上小懸崖就看到漁港了，Vincent 恍然明白：「原來走過去這麼近，以前都呆呆地開車繞了一大圈！」驀然回首時他居然發現這裡可以拍攝飛機低空橫越「善導寺」的廣角畫面，於是取出相機準備錄影，當然立刻有班機轟然而過，所以連聲音也存錄下來了。拍完後 Vincent 極興奮，說要回去向旅行社投訴，然後手舞足蹈哼著歌。

　　抵達漁港後，Vincent 問我要不要陪他吃一頓海鮮大餐？當然萬分願意，上次是因度假村內有免費自助晚餐，不想花錢在這裡吃，現在已別無選擇！何況西班牙的海鮮一向有名，這個閒散的民族有一套極具組織化的海產運送系統，不管發生什麼示威、罷工或天災人禍，來自海洋的魚獲還是能排除萬難藉由公路及卡車往內陸運送，以確保全西班牙的人都能吃到新鮮的魚蚵蝦蟹。這種國家的海產飲食文化能不精緻嗎？

　　接著 Vincent 挑了一家和漁港同名的餐廳「Resturant Los Abrigos」，說他們的海產肯定比別人　　　　　　　　　　新鮮！因為他們有自己的漁船，而那　　　　　　　　　　艘寫著餐廳名字的漁船正在碼　　　　　　　　　　頭裡搖晃，自己捕魚自　　　　　　　　　　己烹煮，

豈是「鮮」字所能形容！這家餐廳剛好又居高臨下俯瞰整座漁港，再也沒比這個地方更適合閒坐一個下午了。

Vincent 要了一份「油漬鯷魚」（anchovy）當開胃菜，他說這種地中海魚類肉質鮮美，我肯定會喜歡。然後要我再挑一樣，我則選擇洋蔥橄欖醃章魚，並告訴 Vincnet，三毛在 1974 年 4 月 27 日的家書裡曾提到，那天荷西帶了一隻大章魚回家，足足有一個水缸那麼大，因為潛水時這隻頑皮的章魚就纏在他身上，荷西只好把牠捉回來吃，因此，我想在離開加納利群島之前品嘗當地的新鮮章魚。至於主菜，服務生請我們直接過去挑選自己要的魚，還真是有趣！不久海鮮大餐就依序上桌了，先是麵包、魚湯，再來是咬勁十足、鮮美無比的鯷魚及章魚，最後海鮮大拼盤端上時我和 Vincent 皆同聲驚呼，實在太豐盛了！

用餐時我順便告訴 Vincent 一些台灣海產的飲食文化，例如路邊攤就能買到炸花枝，整包拿著像麥當勞薯條那樣吃。Vincent 善意地提醒我，介紹美食時最好不要拿麥當勞來比喻，否則會……說……服……力……盡……失。接著我又提到，高雄旗津有一盤 100 元的自助式平價海產，菜色極多想要什麼自己端即可，吃起來和「扮桌」一樣有趣，等 Vincent 來台灣一定帶他去體會。此時剛好看到盤中的魚頭都沒人動，於是特地挑出一小塊魚肉要 Vincent 嘗試。吃完後他頻頻點頭稱讚，並問說是哪來的肉？我把魚頭翻到另一邊，再剔出橢圓形的「臉頰」請他再試。就是這個部位，體型大一點的魚才有，每隻魚只有兩塊，肉質細緻 Q 韌有勁。因為歐美人很少吃魚頭，所以不知魚臉頰這麼好吃。

那餐共吃了 55 歐元（約台幣 2500 元），和布魯塞爾比起來真的不貴，在這種小漁港就是可以吃到新鮮又便宜的海產。之後 Vincent 就在碼頭喝咖啡、閱讀，而我就四處閒晃，在這種漁港讓我逛到天黑也不會

我和 Vincent 就坐在這些火山岩石上閒聊

嫌累。其實亞伯利哥斯這個濱海小社區，人口不多，許多房屋都空著，黃昏時才會有老人帶狗出來散步，或許正因這份孤寂才特別吸引我吧！

告別

6 點 9 分兩人會合爬到堤岸上聊天。Vincent 說他有一本中國詩集，每首詩有三份英文翻譯，兩份法文翻譯，詳讀後才發現翻譯出來的感覺五種版本皆異。翻譯詩詞本來就很難，還好那本書列了五種不同翻譯讓讀者參考。因此我就提到定居台灣的法國畫家歐笠嵬（Olivier Ferrieux），他的畫冊《漢口街的小意外》特地請人翻譯了兩套中文，對照閱讀時非常有趣。才說著，Vincent 就提醒數年前我就送他這本書了，他很喜歡畫冊裡的豐富想像力！

夕陽漸漸西下，漁港亮起美麗的燈光，利用周末前來享用海鮮的西班牙人陸續出現，我們也該走了。8 點 24 分越過小懸崖，慢慢散步回度假村提領行李。請櫃台幫忙叫輛計程車，便出發前往機場。臨走前櫃台服務人員問我們喜歡加納利群

這輩子永遠不會忘記這座美麗的
亞伯利哥斯漁港

島嗎？Vincent 爽快地表示好喜歡拉歌美拉島，而我竟一時說不出話，Vincent 笑著幫我搭腔：「這小夥子喜歡拉芭瑪島！」上了車才告訴 Vincent，其實三個島我都好喜歡，只是要走了很捨不得，所以舌頭打結冒不出半句英文來。

在機場劃位時雖然櫃台人員的服務態度不太好，但還是順利登機了。「誰叫我們要搭這種廉價包機！」Vincnet 自我解嘲地說著。飛機上好多小孩子，吵得 Vincent 差點捉狂，我仍眼罩戴著就準備睡覺了。

臨睡前快樂地說了一聲：「真好，終於平安搭上飛機了。」

沒想到 Vincnet 毫不領情地提醒我：「世事難料，丹納麗芙島不是發生過航空史上最嚴重的空難嗎？」

給我閉嘴！你這隻大烏鴉。晚安，我要睡覺了。

後記：至於小便斗上的「西班牙蒼蠅」，據研究指出，竟能減少 80% 的尿液飛濺出來，因為那隻小小的蒼蠅能引發男人想瞄準的衝動，而這種小便斗的行銷口號就是「讓男人有射擊的目標吧！」

再見

格子鬆餅

4 月 23 日　星期六

經過四個多小時的飛行，再加上一小時的時差，我們於凌晨5點多飛抵布魯塞爾。降落前從上空可以俯瞰璀璨炫目的布魯塞爾夜景，每次總讓我想到席慕蓉的詩作〈異域〉，她說在布魯塞爾的燈火輝煌裡「我孤獨地投身在人群中，人群則投我以孤獨。」17歲的我讀到這首詩，總以為布魯塞爾是個冷漠的城市，等到我37歲來到布魯塞爾，才發現在這裡我從沒孤獨過，這裡的友誼比燈火還輝煌。

搭計程車回到家時，天還沒亮整條街覆蓋著一層神祕的普魯士藍，我忍不住抽出相機拍攝，才按下快門所有的街燈便熄滅了，於是我記錄下黎明前的最後夜景。

回家的感覺真好，通過層層保全關卡進到室內，兩人不約而同開始「找水」，Vincent找水澆花，離家兩星期屋內的植物都渴了，我則找水沖澡，趕快洗去一身疲憊。除此之外還得找水洗衣服，明天要回台灣了，所有髒衣服都要洗乾淨，然後穿一套最舒服的衣服搭機。接著拿出指甲剪，把20隻長如妖怪的指甲全剪得短短呆呆的才頓覺神清氣爽。睡前的最後一件事是下樓用氣泡機製作了兩瓶汽泡礦泉水，放在冰箱裡睡醒就有「汽水」可喝了。

都忙完，耳機裡播了男高音修爾（Andreas Scholl）演唱的《陌生的旅人》（Wayfaring Stranger），就舒服地躺在Vincent攝影棚的床上呼呼大睡了。

三個人的午餐

12點鐘兩個人先後醒來坐在客廳閒聊，覺得兩星期的加納利群島之旅真像一場夢，而且轉眼就夢醒。1點35分Jing帶來披薩、灰蝦、葡萄、草莓及柳橙汁要請我們吃午餐，三人聯手將陽台的餐桌布置妥當後便快樂地開動。

「真是感謝！」我一邊道謝一邊奮力咬著披薩，因為已餓到瀕臨死亡，上一餐是24小時前在亞伯利哥斯漁港吃的海鮮。而Vincent也過來舀了幾隻蝦子大口嚼著，他說這種灰蝦（Gray North Sea Shrimp）就是漁夫用馬匹在海灘捕捉的，我也跟著品嘗一些，久聞其名但第一次吃到，沒想到肉質這麼彈牙有勁！

狼吞虎嚥的同時，我們完成了下面幾件事：

一、齊聲譴責那家超爛的「廉價包機」航空公司。

二、聽Jing訴說她的北京及武漢之行。

三、極其誇張地向Jing形容亞伯利哥斯漁港的海鮮有多好吃。

四、觀看 Jing 在北京及武漢拍攝的相片。

五、Jing 堅持要看我的那隻「蜜蜂情人」的相片。

六、三個人快樂地合唱〈草泥馬之歌〉。

格子鬆餅與巧克力

雖然聊得很愉快，但我還是得趁最後一天出門採購要帶回台灣送人的物品，於是 3 點 22 分搭地鐵前往布魯塞爾大廣場。此時春暖又花開，所以我一路歌唱。

首先想去大廣場附近的樂器博物館（Musical Instruments Museum），這棟十九世紀的老建築外觀極典雅，裡頭展示好多古樂器，當你靠近時音響設備便會自動播放該樂器演奏的作品，也就是說館內展示的不只是實體樂器，還包括音樂，所以喜歡音樂的人千萬不能錯過。布魯塞爾樂的樂器博物館及相隔不遠的現代藝術博物館（Museum of Modern Art）是我鍾愛的兩家博物館。現代藝術博物館有達利的《聖安東尼的誘惑》（The Temptation of St. Anthony），是我最喜歡的畫作之一，而且館裡允許拍照，喜歡攝影的人千萬不能錯過。兩家博物館我都去過，都值得一去再去，但今天時間有限只能擇一，決定去看「音樂」。

在美麗的布魯塞爾我總是邊遊盪邊拍照，來到樂器博物館已經 4 點多了，他們 4 點半就關門，所以謝絕遊客入內。我只好向收票的慈祥阿嬤表示，僅要上樓參觀紀念品販賣部（museum shop），她立刻給我一張通行證就放我入場了。在此想提醒大家，歐美博物館的紀念品販賣部通常都免票入場，因此有三種東西我都會到博物館選購：T恤、明信片及送人的禮物。所以啦，沒時間參觀樂器博物館沒關係，下次再來，先努力逛紀念品販賣部，血拚一些「藝術氣息」回去送人。

世界最有名的巧克力在比利時，而「格子鬆餅」（Gaufre）則是比利時人發明的，記得都要帶一些回台灣，但採購時要有技巧……

那種以牛奶及奶油烤製，帶有焦糖香味，表面香酥內餡柔軟的格子鬆餅，只要在布魯塞爾看到路邊有現做現賣的攤位，就趕快趁熱買一個來吃。現烤的格子鬆餅口感就介於「麻糬」和「蛋塔」之間，咬下時牙齒會陷進那種Q感獨具的奶香之中，並不時出現焦糖被牙齒磨碎的甜蜜聲響。因為焦糖顆粒並沒溶進餅裡，而是咀嚼時才逐漸在嘴裡溶化，所以甜味充滿立體感。其實正統的格子鬆餅食用時本來就充滿層次感，外酥內Q有層次，餅柔糖脆有層次，焦糖的甜味有層次，連溫熱的奶香在寒冬飄送也一陣一陣極有層次。哦！天啊，為何比利時人要發明這麼好吃的東西！但要特別聲明，台灣的格子鬆餅完全缺乏上列口感，所以一定要去比利時享受那種現烤的極品。至於要帶回台灣的，可以去迷你家樂福（Mini Carrefour）買，就是很像超商的小型家樂福，裡頭有透明塑膠袋包裝的格子鬆餅，保存期限較長，雖然沒現做的好吃但已頗具水準，我每次帶回來都會被搶食一空。

至於巧克力，其實可以不用考慮最有名的Godiva，因為台灣就有了。而來到布魯塞爾，不管跟團或自助你一定要去有「全世界最美麗的廣場」之稱的布魯塞爾大廣場（Grand Place），那裡當然有數不清的巧克力專賣店任你選購。但我的私房血拚處卻是距大廣場約7、8分鐘步程的一家超市「Delhaize」，去買些當地居民吃的平價巧克力較有意思！若你需要食品或飲料，這裡也比大廣場的店便宜許多，所以去布魯塞爾一定要把這家超市記下來（在 Bld Anspach 及 Rue du marche aux poulets 兩條路的交叉口），因為位於大廣場附近保證用得到。

買完要送人的禮物後便慢慢搭地鐵回去，7點鐘準時回到家，已揹著將近十公斤的攝影背包整整走了三個多小時，難怪每次出國旅行都會變瘦。

今夜的餐桌很希臘

8點多，Vincent 叫了一些外送希臘菜，就當成幫我送行的晚餐。

但行李裡還剩許多台灣帶來的香菇，所以清燉了一鍋香菇清湯配著希臘菜吃。或許 Vincent 要讓我品嘗此地的進口鰻魚和昨天在亞伯利哥斯漁港吃的新鮮鰻魚有何不同，所以特地安排這頓希臘晚餐！但這樣只會讓我更懷念西班牙的海鮮，

不過我那鍋清燉香菇卻頗獲好評。用餐時三人則盡情嬉鬧並大聲高唱〈草泥馬之歌〉，鄰居可能認為我們瘋了。將近 10 點吃飽瘋夠了，才開始清理陽台上的餐桌，之後又相偕到三樓的放映室看了一部懷舊電影《刀馬旦》。

或許已來過布魯塞爾多次，離別的氣氛沒那麼濃了。而今年 Jing 可能會因博士論文到台灣進行研究，Vincent 應該會趁機同行，我早已允諾要開車帶兩位搞笑好友環島一周。哎！你知道要邀 Vincent 來台灣有多難嗎？他總是說老遠飛到亞洲，為何不去京都、峇里島、吳哥窟、尼泊爾、北京、西藏而要去台灣？所以十年了，他始終對台灣過門而不入。和那些古文明比起來，我真的無法回答台灣有什麼值得一遊之處，但我確定等他環島之後肯定會愛上台灣。

隔天我搭中午的飛機經法蘭克福及香港回高雄，他們如同往常送我到機場，而且還要在機場喝杯飲料聊聊天才算儀式結束。Vincent 只交代回到台灣一定要立刻回報平安，因為我常常到處飛來飛去回不了家！

4 月 24 日（星期一）中午抵達高雄，21 天的旅程順利劃下句點。循著三毛的足跡去了一趟加納利群島，但也逐漸玩出我們自己的步調，我會永遠懷念這趟奇特溫馨的加納利群島之旅！

在高雄捷運車廂裡，我把上衣口袋那半截格子鬆餅掏出來吃完，這是在大廣場附近的攤販買的，放了一天多了仍 Q 勁香甜，不知下次何時才能再吃到這麼正統的現烤鬆餅？揉揉剩下的空紙袋，道聲「再見‧格子鬆餅」！是再見，也希望能再見。

附錄　迷航　2008 年 4 月 11 日

要回台灣了！早上 8 點起床，趕快用吸塵器把床舖及房間清理過，垃圾都拿到樓下，將十幾天來借宿的房間整理乾淨。9 點鐘和 Vincent 及 Jing 吃早餐，因為 Jing 有事吃完得先行離去，Vincent 剛好 11 點也有約，只能提早於 10 點半將我送至機場，而我的班機要 13：25 才起飛，所以他覺得很內疚。

我拚命安慰他別在意這種小事，我一向習慣提早兩、三個小時到機場，而且一個人在候機室仍可快樂地閱讀、聽音樂，所以千萬別覺得抱歉。但重義氣的 Vincent 仍滿臉歉意，彷彿沒親自送我進海關就沒盡到朋友的本份。為逗 Vincent 一笑，只好開玩笑地說：「每次和你搭飛機都很倒楣，所以你不送行也好啦！」

「真的嗎？」原本專心開著車的 Vincent 訝異地轉頭問我。

於是我就說，前年從波蘭回布魯塞爾不是在華沙機場遇到飛機故障嗎？比利時航空公司居然說要從布魯塞爾送技士過來修，我們就耗在機場等了六、七小時。Vincent 大笑說他記起來了，因為當時我說了一句經典名言：「幸好不是搭乘華航，不然以此類推，飛機故障還要從台北送技士過來修的話，那不就得夜宿機場了嗎？」他的笑聲未止，我又提醒他：「去年更慘！我們在斯洛伐克的邊境被趕下火車，根本沒搭上從匈牙利回比利時的飛機。」Vincent 的笑聲更誇張了，只好默認這種被施咒似的惡運，不過倒也幽默地說：「這次我和 Jing 都不送行，也許你會好運一些。」

「哈哈！等我平安回到家再送簡訊給你，有機會記得來台灣玩。」

急著趕去辦事，Vincent 讓我在出境大廳前下車後就離去，揮手道別時仍是一副內疚的表情，我喊著要他給個笑臉，不然會 unlucky！

只見 Vincent 回給我一個鬼臉。

這樣的別離簡單俐落，反倒沒什麼壓力。剩我一個人，就直接提著行李辦理登機手續。這次搭乘荷航班機，先從布魯塞爾飛到阿姆斯特丹，再轉機到香港，經香港回高雄。

拿到登機證後尚有三小時才登機，趕快找個地方睡覺，昨天看 DVD 看到半夜現在很睏。找張椅子，枕著攝影背包就呼呼大睡了，一小時後醒來，精神提振不少，於是開

始閱讀小說《未央歌》。

結果飛機又因故延後一個多小時才起飛，冗長的等待裡書也看累了，上機又立刻睡覺。不知過了多久才被廣播聲吵醒，起初只聽見斷斷續續的英文句子，後來才知道事情大條了，因為抵達阿姆斯特丹的時間延誤，機上大半乘客的轉機班次都銜接不上，包括我。不過降落前機長又重新宣布，3 點 20 分後的班機可直接前往登機門登機（應該還來得及），太好了！我的香港班機剛好是 3 點 20 分，我這福星肯定能趕上飛機。

但阿姆斯特丹的機場太大了，降落後光是移動到空橋就花了十餘分鐘，然後再大排長龍等著下飛機，出機門時已經 3 點 2 分，只剩 18 分鐘可衝到登機門，所以很多人都和我一樣沒命地奔跑。

對我這種長跑健將來說 18 分鐘應該夠了，何況我是福星呢！於是自信滿滿地衝刺，雖然揹著將近十公斤的攝影背包，但在金門當過兵的我，這種負重跑步根本不算什麼。記住要「呼呼吸吸、呼呼吸吸」均勻換氣才不會喘，這種跑步祕訣我最懂了，於是一個個超越其他跑者並逐漸拉大距離。正春風得意時，才發現還得過海關才能前往登機門。但「歐盟居民」的出關櫃台根本沒人排隊，我卻得排在「非歐盟居民」那條長長的隊伍後等待，輪到我時又誤把我當成大陸同胞質問半天，真想飆髒話了！

過海關後已剩不到 5 分鐘，只能用這輩子最快的速度衝到登機門。真的不誇張，絕對是這輩子最快的速度，因為已衝到吸呼過急而缺氧，有種貼近死亡的感覺⋯⋯

終於來到登機門，幸好飛機還在！之前被我追過的那些人，則因享有歐盟居民的快速通關，所以比我早到，正在安檢閘門前受檢。而上氣不接下氣的我，滿腦漲痛已沒力取下身上的攝影背包，只能蹲在地上喘氣。不過總算趕上飛機，我就說我是福星嘛！看到前面兩位已完成安檢步入登機門，我才勉強克服滿腦暈眩，站起來將背包放到輸送帶上受檢。正當此時，有位女主管下令暫停檢查，問我們從布魯塞爾轉機過來的共有幾位？前方的金髮女子主動點算人數，往閘門喊過去：「共 15 位，剛才進去 2 位，這裡還剩 13 位。」

女主管立刻用無線電和機艙聯絡，然後宣布：「機長說時間已過，無法讓各位登機。」

怎麼可能？聽完大家都激動地擠到閘門前，金髮女子先開罵：「我們都有登機證，

而且都在 3 點 20 分前趕到，是你們的安檢延誤時間，為何不能登機？」

　　其他乘客跟著聲援，叫囂聲四起，場面幾乎失控！看到大家的憤怒對方才讓步，要我們別吵，她再向機長請示。不過大家仍然很激動，呼吸聲此起彼落直到女主管的電話又響起，但她只接聽並沒答話，掛斷後本以為會給大家一個驚喜，因為我們理直氣壯地「符合」所有規定。沒想到她只是面無表情地說：「還是無法讓各位登機，這是機長的答覆，我也沒辦法，非常抱歉！」

　　「我們都在登機門前了，而且飛機還沒走，為何不能登機？」立刻有人大叫出聲。其他人也開始狂罵，能用的三字經紛紛出口。我算是最冷靜的一位，因為……英文沒強到足以流暢「訐譙」。

　　現場持續騷動，有人準備衝入閘門，荷航也緊急呼叫警衛。就在千鈞一髮之際……有人喊了一個讓大家不得不鎮靜下的字眼「超訂位」（overbooking），她無奈地向大家解釋：「荷航可能超訂位了，機上的空位少於 13，所以不讓我們登機。」

　　或許這樣才能解釋，為何在時限內衝到登機門卻無法登機。於是大家更加憤怒，叫罵聲更大，我清晰聽到那位已喊到沙啞的金髮女子用盡力氣叫著：「這輩子再也不搭乘荷航了！」但再怎麼抗議也無法改變事實，只好揹起攝影背包沮喪地前往轉機櫃台，請他們重新安排班機。走著，忽然想起那部我極愛的德國電影《蘿拉快跑》（Run Lola Run），生命裡的某些時刻，只要跑慢了幾秒鐘，結局便會完全改觀！

轉機櫃台

　　到達荷航轉機櫃台，已擠滿一堆人，因為我們那架飛機誤點，所以轉機的乘客都得重換班次，只好無奈地排在最後面。好不容易輪到我，服務人員卻表示明天才有香港的班次，若今天要走就得經由其他城市轉機，但要多搭一段飛機，你願意嗎？

　　「沒問題，我只想早點回家。」

　　於是那位話不多的服務人員開始查詢班次，最後告訴我：「下午 6 點有飛北京的班機，從北京轉香港，香港再回高雄，可以嗎？」

「沒問題，不過你確定我可以從北京轉機嗎？我是台灣居民哦！」

他又查了電腦上的轉機規定，然後說：「沒問題，只是轉機而已，除了護照外還需要ID（身分證），你有 ID 嗎？」

「有！」立刻把我的身分證從皮夾抽出來給他看。

於是他重打一份航班表，連同登機證遞給我，還交代抵達北京時要到港龍航空櫃台拿取香港的登機證。呼！鬆了一口氣，沒趕上 15:20 的飛機，改搭 18:00 這班也還好啦！只不過多等兩個半小時，就在候機室翻閱小說，時間很快就會過去，剛才因「沒命狂奔」及「被拒登機」而波動的心情終於慢慢平靜下來。哎！人生就是這樣，隨時會有狀況，唯有從容面對才能克服難關。

坐在候機室安靜閱讀著《未央歌》，不幸又聽到飛機延後起機的惡訊，陣陣廣播「催魂」似地公告 18:00 飛北京的班機因機械故障將延至 20:30 起飛。天啊！堅信自己再也不是福星了，因為今天各種「帶塞」的狀況都已發生。

又等了很久終於開始進行安檢，海關官員發現我拿的是中華民國護照，就問我有沒有另一本綠色的冊子。知道他指的是「台胞證」，於是回答沒帶在身上，對方立刻請警衛將我帶到旁邊等候，在眾目睽睽之下「罰站」還真有點難堪。幾分鐘後，一位滿頭白髮、穿著西裝、說中文的官員才過來問我要到北京嗎？

告知我只是到北京轉機，對方雖然客氣但仍質疑我的動機，所以又問：「怎不直飛香港，非得要從北京轉機？」

我把荷航班機延誤重新幫我安排的航班表遞上，他了解狀況後就沒再為難了，只說：「因為北京要辦奧運，所以身分檢查比較嚴格，若從上海轉機就 OK。」

「但這航線並非我自己選擇，是荷航安排的。」我趕緊補充。

但他還是拿走我的護照到辦公室檢查，我又繼續留在原地「罰站」，旁邊仍是那位「看守」我的警衛。實在很委屈，只好用英文向那位警衛訴苦，是荷航班機延誤才把我弄來這裡的，我已從下午 3 點 20 分等到現在，將近五小時，若再不讓我登機，今天就回不去了！那位警衛不斷安慰我，要我耐心等候結果。

將近十分鐘後，那位白髮官員才回來，問我除了護照之外是否有身分證？

把身分證遞給他看後就讓我登機了，但特別提醒在北京轉機會檢查「台胞證」或「護照及台灣身分證」，因為我沒帶台胞證，所以要主動出示身分證。

天啊！終於登上飛機了，真是一波三折。

迷航

昨天貪看 DVD，將近凌晨 4 點才睡覺，又經歷一場精疲力竭的狂奔，並枯等到晚上 8 點半才登機，早已累得不成人形，當然是一坐下就呼呼大睡。飛程中除了用餐外就是睡覺，不知不覺已飛過半個地球來到北京，精神奕奕地等著要經香港轉機回高雄。

先到港龍航空轉機櫃台拿取我的登機證，再通過安檢即可登機了。

輕鬆地看著機場內的奧運宣傳看板，慢慢來到安檢窗口，一位年輕官員清閒地等著，剛正的表情很像庹宗華在軍教片裡演的班長。我趕快遞上護照及身分證，還記得阿姆斯特丹那位白髮官員特別交代要用這兩種證件通關。結果對方一看到「中國民國護照」立刻說這個不行，只能用台胞證否則就是「非法入境」，說著就打電話往上通報。

我試著向他溝通，是荷蘭那邊要我用「護照及台灣身分證」來北京轉機的。但他指著我的護照說：「這個證件我們不承認！」然後抬頭開始訓話：「你要來北京，難道不知道要用台胞證嗎？」

我滿腹委屈，但仍忍住脾氣向他解釋班機延誤被荷航更換班次的過程。原本想吼叫的聲音盡量保持和善，也很禮貌地把我的舊航班表及荷航新給的一起送上，向他證明我絕對不是要非法入境，只是意外被荷航送到北京來轉機。

等我解釋完，原本態度強硬的海關官員終於了解狀況，但仍表示他愛莫能助，電腦只接受台胞證的證號，我的護照無法過關。

「那我該怎麼辦？」還是很有禮貌地請教。

他皺著眉，略帶歉意地說：「可能……得原機遣返！」說完，頭都低下來了。

此時兩位類似警察的人員已接到通報過來了，以「非法入境」的名義扣押護照並將我帶走。不知要到什麼地方，會不會如同電影所描述，關到小房間裡審問幾個小時？

沿著長廊走了一段，還好沒被關到密室，而是來到一處陳列數張長桌的大空間，然後把我交給另一位海關官員審問。對方只簡單問我：「沒台胞證，你來北京幹什麼？」雖然厭惡那種輕蔑的語氣，還是耐心解釋是荷航的安排而且要我用「護照及身分證」通關轉機。正要遞上荷航的航班表，他直接說了：「既然是荷航安排的，那就請他們來解釋。」立刻命令屬下通知荷航，並請人把我帶回轉機櫃台等候。

回到轉機櫃台，剛才給我登機證那位港龍航空小姐問我怎沒去登機？

我無奈地把剛發生的事重新說一遍，聽完連其他兩家航空公司的櫃台人員也都過來安慰，倒了茶還請我到櫃台裡頭坐。但還是覺得必須克遵身為「乘客」的本分，婉謝入坐的邀請，就站在櫃台前等候。雖然忐忑不安，但一直提醒自己無論如何都要有「大將之風」，不口出惡言，凡事微笑以對，所以彬彬有禮地和那幾位櫃台人員聊天。結果荷航主管還沒出現，安全人員又來把我帶走了，說是更高階的長官要親自處理這個案件。

審問

這次換成另一位壯碩的中年官員，表情更嚴肅，語氣更霸悍，劈頭就問：「來北京怎不帶台胞證？」我只好委婉地再解釋一遍，他也不當一回事，邊聽邊交代手下做事。等我講完，才不耐煩地說：「反正等荷航來了再說。」然後開始詢問其他案件處理情形。

心亂如麻的我，耐心地等到一個空檔便趕快開口：「長官，不好意思這是我的航班表，麻煩您看一下！」故意把「您」說得很重，並低姿態遞上相關資料。

我的聲音本來就好聽，語氣又誠懇，再怎麼鐵石心腸的人也不會拒絕吧！終於那位官長轉身過來看了我的機票，我指著上頭原本是「阿姆斯特丹、香港、高雄」的飛程，與荷航新給的「阿姆斯特丹、北京、香港、高雄」航班表對照說明一遍，那位長官拿下老花眼鏡仔細核對，不久就了解狀況了。等他再把眼鏡戴上時，我很客氣地補充一句：「長官，我絕對不是要非法入境或故意不帶台胞證，只是意外被荷航送到北京來轉機。」

他若有所思地點了頭：「我明瞭，還是等荷航的人來了再說。」

此時坐在電腦前的海關人員就抬頭問他：「這個案子（指我的案子）該怎麼寫？」

「你放著，我自己寫就好。」說完，他只是抿著嘴沉思……

過了幾分鐘，一位身穿水藍窄裙的荷航人員過來了，髮鬢梳得清爽俐落，像章子怡般的瓜子臉一看就是那種會咄咄逼人的管理者。搖擺著高跟鞋踩了過來，瞬間綻出一臉職業笑容：「長官，聽說我有們位客人在這裡，要我帶過去轉機。」

「沒證件怎麼轉機？你們到底在幹什麼，把客人送到這裡來。」

荷航主管先是賠了個笑臉，然後很嗲地解釋：「我們的班機延誤，所以才送他到這裡來，不就只是轉個機就去香港了嘛！」

長官非常生氣：「沒證件妳說怎麼轉機？怎麼轉？規定就是這樣，你們亂七八糟地把客人送到這裡，你們自己去處理。」

荷航主管被嚇到了，膽怯地探問：「就轉個機而已嘛！」

「沒證件就是不能轉，這是規定，我也沒辦法，妳敢讓他走嗎？」長官已把眼前這位伶牙俐嘴的「章子怡」當出氣筒了。

「那怎麼辦？」

「能怎麼辦？怎麼來就怎麼走，不能入境也不能到第三地，只能原機遣返，你們又不是不知道！」長官越講越氣，直接開罵了：「你們到底在幹什麼，把人送到這裡來，人家（指我）還很無辜呢。」

「是荷蘭那邊處理的，又不是我……」荷航主管低聲抱怨著，然後比了手勢要我跟她走。此時我才確定真的得「原機遣返」了，雖然生氣但仍非常理智，我知道在場的任何人都沒錯，錯是在阿姆斯特丹那邊，所以沒對現場任何人發脾氣，離開時還很有禮貌地向那位長官說：「不好意思，帶給你們麻煩。」他大概沒遇過這麼客氣的原機遣返乘客，一時不知如何反應，只好隨口又罵了荷航幾句。之後我就沉默地跟在「章子怡」後面，茫然地離開了。

經過轉機櫃台時，先前和我聊天那幾位服務人員全站起來問我結果如何，我只是苦笑：「還是得原機遣返。」大夥招著手要我保重，這是此次事件中讓我覺得最有人情味的一幕。經過安檢關卡時，那位長得像庹宗華的官員更直接站到走廊外，關心我能

否轉機?他應該早就知道會有這樣的結果了,所以內疚地過來關心,其實他也沒作錯什麼事,或許基於我的修養及禮貌才讓他覺得不安吧!雖然一直無法接受要被送回阿姆斯特丹的事實,但我還是表現出持有中華民國護照該有的泱泱氣度。

跟在荷航主管後面,只聽見高跟鞋的細長鞋根急促敲擊地板的聲音,她兀自越走越快,直到發現我沒跟上,才轉頭對我喊著:「走快一點啦!飛機快飛了。」這是她唯一對我說的一句話。

遣返

來到登機門,所有地勤人員都在空橋前等我,一位女服務員對著「章子怡」抱怨:「怎麼拖這麼久,整架飛機都在等呢!」

「我已叫他走快一點了。」

聽到這句話簡直快捉狂了,是你們擺烏龍把我送到這裡,居然還用這種態度對待我!本想破口大罵,最後還是鎮靜下來。說真的,眼前這些人都不知「我到底發生了什麼事」,而且讓我被原機遣返的人也不是他們,就算當場發飆又能怎樣?我有脾氣,但也有理性及修養,於是我選擇安靜地接受一切。

服務人員給我一張空白登機證,寫上 44G 的座位就叫我趕快登機了。我停下腳步問她:「我連機票都沒有,到了阿姆斯特丹怎麼辦?」

「到了荷蘭會有專人在機艙門等你,先登機再說。」

進去機門立刻關上,空姐指著最後面的一個空位請我趕快就座,馬上要起飛了。

到機尾這段步程,幾乎是這輩子走過最難熬的距離。許多不友善的眼神看著我,因為讓大家無法起飛,所以我是害群之馬,甚至有位中年婦

很神奇吧!
我就靠這張手寫登機證搭機回荷蘭

人更直接用憤怒的表情瞪我。到達座位那區時，一群17、18歲的荷蘭少年就坐在四周，刺青的、戴著鼻環的、理著半面光頭的，正嗤之以鼻迎接我這位讓大家苦候的「敗類」。卸下攝影背包要放到上方的行李櫃時，剛好沒空位了，幾位少年開始幸災樂禍地煽笑。我窘迫地開啟其他行李櫃尋找空間，看我越急他們越得意，居然整群哼起一種古怪的曲調，夾雜些「啵」、「啵」的氣音輕蔑地挑釁。我只是忍著要趕快安置好背包，後來一位空姐跑過來要我放在座椅底下即可，趕快坐下繫好安全帶，飛機要起飛了。看到我的慘狀，那些荷蘭少年覺得更爽了，居然連袂鼓掌叫好。我攤在座位上不知所措，臉頰因窘迫而發熱，知覺混亂到無法控制。發現飛機緩緩移動了，才想到要把手機關掉放進背包裡。癱軟的雙手使盡力氣從座位下拖出攝影背包，拿出一個塑膠便當盒，我一向把手機放在盒內，以免被壓壞。結果旁邊的荷蘭少年看到那只印有卡通圖案的便當盒立刻搖頭猛笑，順道拉著旁邊的夥伴一起嘲笑這個幼稚的手機盒。我氣得發抖，連手指都不聽使喚了，僵持很久才把手機放進盒內，然後慢慢塞進背包。喘一口氣，再把背包用腳跟移到座位下方。有種想哭的衝動，不知所措地發愣著，忽然腦海浮現一個念頭：「唸心經吧！」

　　觀自在菩薩　行深般若波羅蜜多時　照見五蘊皆空　度一切苦厄

　　舍利子　色不異空　空不異色　色即是空　空即是色

　　受想行識亦復如是……

　　唸心經固然能讓心情平靜，但真正的平靜應是連心經都不用念便能克服情緒波動。於是閉上眼睛試著不藉外力讓心境自然平靜下來。轉念的瞬間，有股清涼自心底慢慢浮上來，整個人開始放鬆，不再覺得窘迫，不再抱怨或懷恨，張開雙眼時頓覺四周無限美好。剛才那種靜心的過程，可能是我尋覓許久的生命答案之一吧！對面生老病死，不就也需要這種靜心的態度來接受一切嗎？

　　這漫長的「原機遣返」，就在美麗的領悟後變得平靜喜樂，於是開心地閱讀，開心地睡覺，食物來時也開心地吃，不知不覺就回到荷蘭了。

某年某月的某一天

　　我的時差已錯亂到分不清時間和日期了，只是破記錄地在天上飛來飛去⋯⋯出發時是白天，抵達時也是白天，被遣返後仍是白天，不知黑夜哪裡去了？反正又回到阿姆斯特丹，在北京登機前獲得的唯一訊息就是「會有專人在機門等我」，希望接下去能一切順利。來到機門外時，一位身著荷航水藍制服的年輕東方女子已站在那裡東張西望，想必正在「找」我！趕快過去自首⋯⋯才說明來意，對方立刻用標準北京話向我致歉，彷彿擔心我會在機門前咆哮似的，她說，很重要哦！請各位注意聽，她說：「公司的電腦系統忘了更新過境中國的規定，每個關卡都沿用那個『舊規定』來辦理，才會將您送到北京害您無法轉機。」說完又連續補充數句抱歉，一臉膽怯的表情，可能是公司裡的「菜鳥」被派來當炮灰的。

　　我笑說：「沒關係！這不重要了，只想知道我要怎樣才能飛回高雄。」

　　她鬆一口氣但仍小心翼翼地表示：「能否再等幾分鐘？我帶你去辦理登機證。」

　　「不用客氣！我自己去就好，告訴我哪個轉機櫃台即可。」

　　她還是強調要親自帶我去，但得填寫些紀錄才能走。經我再三要求，才告訴我去 T6 轉機站的 9 號服務台，那裡會有專人為我服務。輕聲道謝後即愉快前往。

豬頭姐妹花

　　來到 T6 轉機站的 9 號服務台，接待人員就是昨天安排我到北京轉機的那位短髮男子，唯一的差別是他安穩睡了一夜又來上班，我卻悲情地飛去北京又飛回來了。看到我，他先是驚訝然後連聲道歉，嘴角還微微顫抖，擔心我會發飆。

　　我只是聳著肩說：「反正⋯⋯我又回來了！」然後笑出酒窩大方地問他：「請告訴我正確的回家方式！我不想再到處飛了。」

　　短髮男子想笑又不敢笑，趕快回答：「公司已幫你安排好班次，就照你原來的行程，從阿姆斯特丹飛香港，再轉回高雄。」

「謝啦！」我開心地點頭。

於是對方開始幫我處理相關手續，就在此時剛好敲起午夜鐘聲，於是灰姑娘的馬車變回南瓜、駿馬變回老鼠、金鏤鞋變成⋯⋯哦！我是說剛好下午6點鐘，短髮男子要下班了。對歐洲人來說，下班時間一到不管多重要的事皆可放手，準時下班最重要，告訴我有同事會接手處理後，就眼睜睜看著短髮男子翩然離去。不幸，接手的女同事完全不了解狀況，又從頭把我的狀況問過一輪，最後⋯⋯依據她的「專業」判斷，竟然告訴我，無法從香港轉機，因為香港屬於中國，會再將我遣送回荷蘭。

天啊！她怎會愚蠢到這種地步？只好耐心解釋，半個月前我就是從香港轉機過來的，絕對不會有問題，香港和北京不一樣啦！那位荷航的服務員死也不相信，硬是不讓我到香港轉機。至此，我終於了解不是我「帶塞」，而是誰遇到這種航空公司都會倒大楣！

接著那位女士把我的證件移到後面，和她的主管認真研究。最後，主管開口了⋯⋯

「你需要香港簽證才能在那裡轉機！」

快被氣瘋了，這種狀況還不訐譙的真是聖人。

不幸，我就是那位聖人！我再次解釋，我來的時候就是經由香港轉機，根本不需要「香港簽證」。怕這兩位豬頭姐妹花聽不懂，又特別強調我經香港轉機已數十次，從來不需要「香港簽證」。沒錯！她們真的是豬頭姐妹花，仍堅信她們自己的專業判斷，不過還是撥電話請相關人員過來仲裁。不久仲裁人員便抵達，其實就是昨天在登機門前最後確認我可以用「護照及台灣身分證」在北京轉機的那位白髮官員。一看到我就客氣地解釋，因為荷航電腦系統的轉機規定沒更新，所以陰錯陽差安排我到北京轉機。我趕緊說：「沒關係，這個我了解，現在問題是荷航認為我需要香港簽證才能在香港轉機！真是荒天下之大謬，麻煩您向她們解釋！」

「她們真的說你需要香港簽證才能在香港轉機？」白髮官員匪夷所思地向我確認。

「沒錯！沒錯！麻煩您幫忙溝通。」

接著就看到白髮官員和兩位豬頭姐妹花你來我往脣槍舌劍對陣一番⋯⋯哇靠！差點昏倒，敗陣下來的居然是白髮官員。他過來告訴我：「她們還是不放心讓你到香港轉機，所以打算請你從阿姆斯特丹直飛台北。」

「這太誇張了吧！堂堂一個荷蘭航空居然不了解香港轉機規定，硬要更改我的飛機行程，我買的機票是到高雄，不是台北耶！」我越說越生氣，都快發飆了。

白髮官員知道是荷航理虧，又過去向那兩位豬頭姐妹花協調，仍是一番脣槍舌劍，結果白髮官員又過來了：「她們還是不肯讓你到香港轉機，只答應給阿姆斯特丹直飛台北的機位，但我告訴她們這樣是不對的，所以荷航決定讓你升等到商務艙。」

「管它什麼『艙』，我已連續飛了20幾個小時，只想早點回家，不想被送到台北！」我忍無可忍地拒絕荷航的商務艙。

白髮官員拍著我的肩膀：「你聽我說，你是我看過最特殊的乘客，不管在北京或荷蘭都態度好到令人稱讚。別人只要逮到機會就要求航空公司升等到商務艙，而你卻不要商務艙！」說著，他特別抬頭看著我，語氣誠懇地說：「就給我個面子吧！接受荷航的商務艙到台北去，再搭車回高雄就好。」

長輩都說話了，只好「委屈」接受被強迫搭乘的商務艙。

看我妥協了，白髮官員伸出手來示意要握手，我重重地回握，他又強調一次：「從沒看過像你這麼 nice 的乘客，有機會歡迎再來荷蘭。」

「No！No！No！No！No！」我連說了五聲，然後搖頭：「我可不想再被遣返回荷蘭了，趕快讓我回家！」白髮官員大笑，轉身過去向豬頭姐妹花拿了登機證交給我，這趟返鄉路總算撥雲見日。不過，請相信我……進到商務艙才是「災難」的開始。

災難

先描述我當時的狀況吧！滿臉鬍渣已長得像飄流荒島的魯賓遜，身上的襯衫歷經之前的「蘿拉快跑」及長程飛行已又臭又皺，頭髮更因長時間靠在椅背睡覺而變成龐克造型……再配上我的涼鞋及夜市買來的腰包，這原本在經濟艙沒人會在意的「造型」，出現在商務艙立刻造成震撼。沒錯！就是「震撼」這個形容詞。

我小心翼翼地坐在有八道臥躺調整鈕的高級座位上動也不敢動，先觀察四周光鮮亮麗的上流人士的舉止，以免鬧出笑話。正潛伏觀察著，美麗的空姐過來了，嬌嫩地說：

「我幫你把背包放到行李櫃去？」我立刻婉謝，這只市價台幣六千元的攝影背包是我全身上下最名貴的裝備，放在身旁不但可「虛張」身份，也可暫時遮住我腳下的涼鞋及腿毛。

接下來怎麼辦呢？眼睛餘光瞄到旁邊那位棕髮中年男子，熟練地脫下極具設計感的黑皮鞋，走到遙遠的前座背後（相信我，商務艙的前座是在遙遙幾步遠之處），將鞋子優雅地放置到下方的個人置鞋區去。哇靠！原來鞋子是要這樣放的。先等個兩、三分鐘後，再故作熟練狀脫下我的涼鞋，蓮步輕移到遙遠的前座背後，置放到我的個人置鞋區去。他媽的，真該死！幹麼把置鞋區設計成透明網狀，這樣不是大家都看到我那雙用186 元在全家福買的零碼拋售涼鞋了嗎？

接著旁邊那位棕髮男開始拆開荷航提供的個人盥洗包，取出一雙機上專用毛襪，套在他腿下那雙昂貴的棉襪外。哦……原來如此，趕快如法炮製。不過立刻模仿會被發現在學他，又等了一陣子，才假裝駕輕就熟為我的赤腳套上毛襪。

之後空姐端來果汁，我取了一杯柳橙汁，喝一口就發現居然是鮮榨柳橙汁，好喝死了，立刻一飲而盡。後來才發現又失態了，別人都輕啜幾口就優雅地擺在扶手面板上（商務艙的扶手面板簡直像張小桌子），只有我的瞬間已成空杯，還遺留一道果粒殘骸黏附在杯身，極不雅觀……趁沒人看見，趕快把空杯拿過來猛搖一陣，好把果粒殘骸搖到杯底去！不幸這種只有「豆豆先生」才會出現的動作卻被空姐看見了，於是體貼地又送來一杯鮮榨柳橙純汁，真是有夠糗。

我就說嘛！進到商務艙才是「災難」的開始。

接下來空姐發 menu 要大家勾選開胃飲料，其實我只想喝雪碧。但空姐特別逐一向我介紹今天提供的紅酒及白酒來自什麼地區、是幾年分的，在這種狀況下若只點一杯雪碧，就太不識相了。只好點杯紅酒，問題是我不敢喝酒啊！好吧，為了顯示身分地位，我還是憋著氣把那杯名貴的紅酒灌完。至於商務艙的餐點都是專人量身打造，從沙拉、麵包、主菜到甜點皆可自己勾選，不管牛排或海鮮都美味奢華。問題是擺放兩側的數套刀叉我真的不知如何物盡其用，更慘的是棕髮男的餐點和我不同，連模仿的對象都沒了……好不容易供餐時間終於結束，再也沒什麼商務艙禮節需要模仿了！才想閱讀我的《未央歌》，就發現商務艙的音樂頻道豐富到不行，簡直像座小型唱片行，於是興奮地

試聽，得知不少好專輯。

到曼谷後，下機停留一小時再原機飛回台北。此時我已熟悉商務艙的服務方式，無需再觀察學習，於是大方地和鄰座的棕髮男聊天。首先向他投訴此趟歸程發生的種種狀況，聽完他只是難以置信，但不忘冒出一句：「你因此被升等到商務艙來？」

「沒錯！」還是老實承認吧，反正我怎麼看都不像是自費的乘客。

這位英國籍的棕髮男已不錯了，還肯跟我聊天，同艙裡幾位台灣上流人士看到我這副模樣連理都不理呢。之後就和棕髮男一路聊回台北，他述說在英國的高爾夫假期，我則自豪在比利時跳蚤市場的尋寶行動，他說他非商務艙不搭，我說這是我第一次搭乘商務艙……雖然對話內容牛頭不對馬嘴，但兩人都很愉快。

回家

飛行將近四十小時，往返歐洲及亞洲三趟，終於回到台灣。經過此次磨練，日後再長的飛程都無所畏懼，所以也算是另類收穫！只是這一路的「災難」並未因此消除，我這樣飛來飛去托運的行李早就跟丟了。在中正機場申報行李遺失時，服務台得核對我的機票及登機證，我拿出一疊來看得對方都傻眼了，根本無法推測我的行李會到哪裡去。

「好啦！你們慢慢查，我可以搭車回高雄了嗎？」

呼！終於要回家了。最後我從機場坐接泊車到桃園高鐵站，搭高鐵回高雄，再換搭捷運到離我家最近的站，又步行 20 分鐘才到家，時間 2008 年 4 月 13 日晚上 9 點半。不過故事還沒結束……

隔天荷蘭航空打電話給我，說我的行李已到高雄小港機場，問我能不能親自去認領。我說：「拜託！航空公司不是都會將遺失的行李送到家嗎？」結果荷航居然回答，因為他們在高雄沒有服務櫃台，所以會先把行李從高雄用飛機送回桃園機場，再由公司人員寄送貨運到你家（高雄），可能要兩、三天才會收到行李。此時我隱約想起前天在阿姆斯特丹狂奔到登機門口仍被拒登機時，那位金髮女子用沙啞的聲音所喊出的：「這輩子再也不搭乘荷航了！」

國家圖書館出版品預行編目資料

三毛住過的加納利群島／ Shin文. 攝影.
--初版. -- 臺北市：華成圖書，2012.10
面 ； 公分. --（閱讀系列；C0329）

ISBN 978-986-192-152-5（平裝）

1.自助旅行 2.加納利群島

769.69   101014082

閱讀系列　　C0329

三毛住過的 加納利群島

作　　者／Shin

出版發行／ 華杏出版機構

　　　　　華成圖書出版股份有限公司
　　　　　www.farreaching.com.tw
　　　　　台北市10059新生南路一段50-2號7樓
　　　　戶　　名　華成圖書出版股份有限公司
　　　　郵政劃撥　19590886
　　　　e-mail　huacheng@farseeing.com.tw
　　　　電　　話　02 23921167
　　　　傳　　真　02 23225455
　　　　華杏網址　www.farseeing.com.tw
　　　　e-mail　fars@ms6.hinet.net
　　　　華成創辦人　　郭麗群
　　　　發 行 人　　　蕭聿雯
　　　　總 經 理　　　熊芸
　　　　法律顧問　　　蕭雄淋・陳淑貞

　　　　企 劃 主 編　　俞天鈞
　　　　企 劃 編 輯　　林逸叡
　　　　執 行 編 輯　　袁若喬
　　　　執 行 美 編　　謝昕慈
　　　　印 務 主 任　　蔡佩欣

定　　　價／以封底定價為準
出 版 印 刷／2012年10月初版1刷

總 經 銷／知己圖書股份有限公司
　　　　　台中市工業區30路1號　電話 04-23595819　傳真 04-23597123